AUTOSTIMA E CARISMA

LA GUIDA PRATICA PER IMPARARE A GESTIRE LE PROPRIE EMOZIONI, TRASFORMARE IL PENSIERO NEGATIVO IN POSITIVO, GESTIRE LO STRESS, AUMENTARE L'AUTOSTIMA E CREARE RELAZIONI POSITIVE.

Il presente documento è orientato a fornire informazioni esatte e affidabili in merito all'argomento e alla questione trattati. La pubblicazione viene venduta con l'idea che l'editore non è tenuto a rendere servizi contabili, ufficialmente consentiti o altrimenti qualificati. Se è necessaria una consulenza, legale o professionale, deve essere ordinata una persona esercitata nella professione.

Da una Dichiarazione di Principi, che è stata accettata e approvata allo stesso modo da un Comitato dell'American Bar Association e da un Comitato degli Editori e delle Associazioni.

I marchi utilizzati sono senza alcun consenso e la pubblicazione del marchio è senza autorizzazione o supporto da parte del proprietario del marchio. Tutti i marchi e i marchi all'interno di questo libro sono solo a scopo chiari bile e sono di proprietà dei proprietari stessi, non affiliati a questo documento.

INDICE

INTRODUZIONE

Ti è mai stato detto che sei troppo sensibile o che non dovresti pensare troppo, in particolare da persone che ti colpiscono come troppo insensibile o che pensano che dovresti pensare un po' di più? Potresti essere quello che viene definito un "individuo altamente sensibile" o HSP.

Per coloro che sono considerati avere una sensibilità migliorata o più profonda del sistema nervoso centrale alla stimolazione fisica, emotiva o sociale, un individuo altamente sensibile (HSP) è un termine. Alcuni si riferiscono a questo come aventi sensibilità sensoriale per l'elaborazione, o S.P.S. in breve.

Sebbene gli individui altamente sensibili siano spesso caratterizzati negativamente come "troppo sensibili", è una caratteristica della personalità che porta sia punti di forza che sfide.

Gli psicologi Elaine Aron e Arthur Aron hanno coniato questi concetti per la prima volta a metà degli anni '90, e da allora, l'interesse per l'idea ha continuato a crescere enormemente.

È importante notare che essere un HSP non significa avere un disturbo che può essere identificato. È una caratteristica della personalità che richiede una maggiore reattività a fattori sia positivi che negativi.

Ci sono molti aspetti positivi e i vantaggi di essere altamente sensibili. Può anche portare a sovra stimolazione e affaticamento a volte. E questo è solo l'inizio di ciò che significa essere un individuo altamente sensibile (HSP).

CAPITOLO 1: LA PERSONA ALTAMENTE SENSIBILE

Chi è una persona altamente sensibile?
Qualcuno che ha reazioni fisiche, mentali o emotive
acute agli stimoli è il concetto di una persona altamente
sensibile.
Questo può includere stimoli esterni, come il tuo
ambiente e le persone che sei, o stimoli interni, comets,
sentimenti e realizzazioni.
Mentre tutti spesso si sentono sensibili e tutti
rispondono in una certa misura agli stimoli, essere un
individuo altamente sensibile significa incontrare una
reazione molto più alta, tanto che può sembrare
travolgente. Molti individui altamente sensibili devono
scusarsi da situazioni ad alto stimolo, fornendo sempre
un "rifugio" dove leloro esigenze possono essere sole e
"macinate".
Suggerimento: se dici: "Non è una cosa speciale. Spesso
tutti la pensano così! ... Probabilmente non sei una
persona molto sensibile.
Dalla lunga esperienza, gli individui altamente emotivi
si rendono conto che sentono le cose molto più
intensamente di altri. Hanno visto inprima persona
quanto siano diversi.
"Spesso, altri notano e commentano anche su di esso,
con commenti come: "L'hai notato? " Perché ti dà
fastidio? "Non lo so, non mi sembra essere rumoroso /
freddo / caldo " o "Sei troppo sensibile."

3 COSE CHE DEVI SAPERE SU INDIVIDUI ALTAMENTE SENSIBILI

Ecco tre fatti chiari e significativi su individui altamente sensibili che tutti dovrebbero conoscere:
È un tratto naturale essere altamente sensibili. Il gene che li rende molto sensibili è presente in circa il 15-20 % della popolazione.

Una vera caratteristica basata sulla ricerca è l'alta sensibilità. Chiunque controlli un altissimo grado di sensibilità all'elaborazione sensoriale(S.P.S.), un attributo di personalità, è considerato altamente sensibile in psicologia. LaS.P.S. è il tratto di esperienze e stimoli profondamente elaboranti, e a livello neurale, una persona con un altoS.P.S. ha delle differenze. Essere altamente sensibili presenta sia vantaggi che svantaggi. Gli individui altamente sensibili tendono ad essere empatici, artisticamente creativi, intuitivi e altamente consapevoli delle esigenze degli altri, tanto che molti terapisti, psicologi, designer, cantanti e scrittori eccellono nelle loro carriere. Ma le persone altamente sensibili, in particolare dall'"assorbire" o percepire tutti i segni emotivi delle persone che li circondano, spesso lottano con travolgente, affaticamento e burnout. Gli individui sensibili possono anche essere sopraffatti da ambienti rumorosi, affollati o visivamente affollati, con qualsiasi forte input sensoriale.
Gli individui altamente sensibili sono spesso scambiati per introversi a causa del loro desiderio di trascorrere del tempo da soli. La realtà è che, sia introverso, estroverso o da qualche parte nel mezzo può essere altamente sensibile.

Il fatto è che non c'è molto di niente che tu sia. Hai una caratteristica molto distintiva e forte della personalità che viene fornita sia con pro che con contro.

4 TRATTI SCIENTIFICI CHE IDENTIFICANO UNA PERSONA ALTAMENTE SENSIBILE

Ti stai chiedendo se sei un HSP? Dai un'occhiata ai sintomi di una persona altamente vigile Probabilmente sei una persona altamente emotiva se ti è mai stato detto che senti le cose "troppo" profondamente, sei "troppo" sensibile o che "ti senti troppo". (Il fatto è che non sei troppo di niente. Hai solo una qualità della personalità molto speciale e forte che viene fornita sia con pro che con contro.) Ma aiuta a considerare le caratteristiche di una persona altamente sensibile e vedere quelle che incontri tu stesso. Fortunatamente, per più di 20 anni, alcune caratteristiche sono state ben studiate sia nell'uomo che negli animali. Le numerose intuizioni condivise dagli HSP sembrano ridursi a poche caratteristiche fondamentali. La dott.ssa Elaine Aron ha originariamente riportato queste caratteristiche e altri ricercatori le hanno estese confermate.
Oggi, il Dott. Aron si concentra su quattro tratti chiave, definiti dall'acronimo D.O.E.S., che definiscono una persona altamente sensibile:

1 Profondità di lavorazione

Gli HSP si sforzano di elaborare i dati in modo più profondo di altri. Ad esempio, se qualcuno dice il suo indirizzo a un HSP, l'HSP lo ripeterà più e più volte mentalmente, o confronterà il nome della strada con altre parole e nomi dal suono simile. Possono trovare una connessione simbolica tra il nome della strada e altre idee.

Questo ha un'applicazione pratica, il che suggerisce che è molto improbabile che l'indirizzo venga trascurato, e fa anche parte di ciò che rende gli HSP così artisticamente fantasiosi. Ma significa anche che qualsiasi informazione viene interpretata ripetutamente dal loro sistema nervoso, ingrandirla sempre. Questa è la caratteristica fondamentale degli individui altamente sensibili, ed è ciò che dà una sensazione di "burnout" o sovraccarico agli HSP. Il che ci porta a...

2 Sovra stimolazione

È estenuante elaborare ogni piccola informazione, tutto il tempo. Poiché un HSP prende e pensa a cose che la maggior parte delle persone non considera mai, fa più lavoro cognitivo della persona media, tutto il giorno, de facto. Pertanto, nei casi in cui gli altri si sentono bene, è normale che un HSP si senta prosciugato.

Gli esempi includono la possibilità di pianificare solo uno o due articoli in un giorno di viaggio, non un itinerario pieno; avere un momento tranquillo, senza discussione, mentre altri vogliono continuare a parlare; o voler andare in un posto tranquillo e fresco piuttosto che in un ristorante affollato o in un club ad alta energia. Gli HSP possono resistere a condizioni di stimolo elevato, ma solo per tempi più brevi, solo se entrano nel "fresco" per la giornata.

3 Empatia (o Reattività Emotiva) (o Reattività Emotiva)

Reattività emotiva significa che sia le interazioni positive che negative hanno una risposta più forte agli HSP. Tuttavia, la ricerca ha dimostrato che sugli eventi positivi, o anche sulle fotografie di un evento positivo, questo effetto è particolarmente pronunciato. Le impostazioni positive aiutano gli HSP a lanciarsi in un buon stato emotivo e in una migliore immaginazione e pensiero. Questo può essere parte del motivo per cui la maggior parte degli HSP tende a creare un santuario privato dove possono monitorare il loro mondo e creare l'atmosfera di cui hanno bisogno (che non consentono anche a nessun altro di entrare).

L'empatia suggerisce esattamente questo: gli HSP sono più consapevoli dei sentimenti degli altri, si preoccupano di ciò di cui gli altri hanno bisogno e sono coinvolti nel sostenere gli altri. Il cervello di una persona altamente sensibile risponde più fortemente alle fotografie dei volti di altre persone che esprimono emozioni, e i loro "neuroni specchio" sono particolarmente attivi, la porzione di cervello che ci aiuta a percepire ed empathizzare con le emozioni altrui.

Per un HSP, l'esperienza dell'empatia non riguarda la "comprensione" dei sentimenti degli altri. Molti HSP credono che, anche se qualcuno non li mostra visibilmente, assorbono le emozioni o raccolgono emozioni dallo zioni e individui.

4 Sensibilità alle sottigliezze

Quando si tratta di raccogliere segni sottili o trigger che gli altri perdono, gli HSP sono normali. Ciò non significa che abbiano un super udito o una visione; in realtà è ciò che accade quando il sistema nervoso elabora a fondo tutte le esperienze sensoriali. L'effetto è che piccoli rumori, piccoli disturbi, odori o gusti di cui altri non sembrano essere consapevoli saranno ascoltati dagli HSP. (Questo può essere sovrastimo lato, poiché la maggior parte dei luoghi di lavoro sono destinati a persone che non sono disturbate o botterei da dettagli così "piccoli"!)

Puoi associare più di altri ad alcuni di questi tratti. Ma se ti ritrovi, insieme alla maggior parte di loro, a fare un giro, c'è una buona probabilità che tu sia un ragazzo davvero sensibile.

"HSP, sei normale, sei sano ci sono alcuni seri vantaggi per la tua personalità."

IL MONDO HA UN DISPERATO BISOGNO DI PERSONE PIÙ SENSIBILI

Se sei una persona altamente sensibile, hai fin troppa familiarità con esperienze travolgenti, tensione e sovraccarico emotivo. Questi diventano tratti distintivi della loro personalità per troppi HSP. Alcuni potrebbero essere preoccupati che qualsiasi cosa su di loro sia "rotta", mentre molti altri si sentono semplicemente rifiutati da una cultura che non è ricettiva.

La tua sensibilità non è un difetto, però. Questo è potere.

Essere estremamente sensibili è una "cosa" naturale da essere. E se sei estremamente sensibile, il pianeta ha bisogno urgentemente di più persone, proprio come te.

Abbiamo bisogno di individui estremamente sensibili perché:

1. Gli HSP vedono sfumature di emozione e le usano per arricchire il mondo che nessun altro vede.

La maggior parte delle persone non pensa di potersi relazionare con un'alta sensibilità, ma è probabile che quelle altamente sensibili abbiano prodotto le loro canzoni, dipinti e storie di rito favo u.

Gli HSP sono dotati della capacità di raggiungere il regno dei pensieri e dei sogni e distillarli per gli altri come momenti che aprono gli occhi.

2. Gli HSP forniscono una leadership cooperante e compassionevole.

Non commettere errori, mentre molti HSP odiano la natura tagliere del mondo degli affari; altri stanno attivamente cercando di cambiarlo.

I leader reattivi si sforzano di ascoltare di più il proprio team, articolare esplicitamente le ragioni delle loro scelte e prestare attenzione ai punti di forza e ai desideri di coloro con cui lavorano. Sono fondamentali per promuovere le parole e creare consenso e consentire al personale di sfogarsi senza rimproveri quando necessario. In minoranza, leader molto sensibili forse, ma potrebbero essere i più grandi leader(e boss) che tu abbia mai avuto.

3. Aiutano coloro che li circondano a controllare le loro atmosfere (e a soddisfare i loro bisogni).

I nostri individui altamente reattivi potrebbero svolgere un ruolo evolutivo critico, fungendo da "processore emotivo" per il resto del gruppo?

Chiunque sia amico di un HSP probabilmente dirà di sì.

Gli HSP fungono da schede audio, costruiscono i loro amici con motivazione, rispondono ai tuoi problemi in modo onesto ed empatico e ti aiutano a vedere somiglianze che non avresti visto da solo.

Gli HSP, sei nella media, sei al sicuro e alcuni vantaggi significativi vengono con la tua personalità. Non è sempre facile essere incredibilmente sensibili e dovrai imparare ad affrontare tattiche scoraggianti. Ma non commettere errori: la tua sensibilità è l'attributo migliore che hai.

CAPITOLO 2: ABITUDINI DI PERSONE MOLTO SENSIBILI

1. Si sentono più profondamente.
La tendenza a sentirsi più profondamente dei loro colleghi meno sensibili è uno dei tratti distintivi degli individui altamente sensibili. "A loro piace elaborare le cose a un livello profondo", "Sono molto intuitivi e vanno molto in profondità per cercare di capire le cose".
2.Sei più emotivamente reattivo.
In uno scenario, le persone altamente sensibili risponderanno di più. Secondo Aron, ad esempio, avrebbero più empatia e avrebbero più compassione per i problemi di un amico. Potrebbero anche essere più preoccupati di come un altro individuo possa rispondere a fronte di un evento negativo.
3. "Non prendere le cose così personalmente "Non prendere le cose in modo personale" Perché sei così sensibile?

La sensibilità può essere vista come un attributo o una caratteristica negativa, descrive Zeff, a seconda della comunità. Zeff dice in alcuni dei suoi studi che uomini altamente sensibili che ha intervistato da altre nazioni, come la Thailandia e l'India, sono stati raramente o mai preso in giro. Al contrario, uomini altamente sensibili che intervistava dal Nord America venivano a volte o sempre preso in giro. "Quindi molto è molto culturale - la stessa persona a cui viene detto, 'Oh, sei troppo sensibile', in certe culture, è considerato una risorsa", dice.

4. Amano l'esercizio da solista.

Le persone altamente sensibili potrebbero preferire evitare gli sport di squadra, dove, dice Zeff, c'è la sensazione che tutti guardino ogni loro mossa. La maggior parte delle persone altamente reattive che ha intervistato ha favorito gli sport individuali per raggruppare gli sport nei suoi studi , come il ciclismo, la bicicletta e l'escursionismo. Tuttavia, questa non è una legge generale. Alcune persone estremamente sensibili potrebbero aver avuto genitori che offrivano un'atmosfera di comprensione e supporto che avrebbe reso più facile per loro praticare sport di gruppo, afferma Zeff.

5. Ledecisioni richiede più tempo per essere presa.

Aron afferma che gli individui altamente sensibili sono più consapevoli delle sottigliezze e delle sfumature che potrebbero rendere le decisioni più difficili. Anche se non c'è una decisione "giusta" o "sbagliata", ad esempio, è difficile selezionare un flavo u r gelato"sbagliato",gli individui altamente reattivi sembrerebbero sempre richiedere più tempo per scegliere perché ogni potenziale conseguenza viene pesata. In un recente episodio della sua newsletter Comfort Zone, il consiglio di Aron per far fronte a questo: "Prenditi tutto il tempo per decidere come la situazione lo consente, e chiedi più tempo se ne hai bisogno e puoi prenderlo", scrive. Durante questo periodo, prova a fingere di aver preso una decisione in un certo modo per un'ora, un giorno o persino una settimana. Come ci si sente? Spesso, le cose sembrano diverse dall'altra parte di una decisione, e questo ti dà la possibilità di immaginare più vividamente che sei già lì.

6. "E su quella nota, che prendono una decisione "cattiva" o "sbagliata", sono più arrabbiate.

Dopo aver pensato di aver preso una decisione sbagliata, conosci la sensazione imbarazzante che provi? Aron afferma che per gli individui estremamente sensibili, "quell'emozione è amplificata perché la reattività emozionale è più alta",

7. They sono estremamente orientati ai dettagli.

Le prime persone a notare i dettagli in una stanza, le nuove scarpe che indossi o un cambiamento nelweath er sono persone altamente sensibili.

8. Non tutte le persone altamente incisive sono introversi.

Attualmente, secondo Aron, circa il 30 % degli individui altamente reattivi sono estroversi. Lei descrive che in una cultura affiatata, che si tratta di un cul-de-sac, di una piccola città o di un genitore che ha servito come ministro o rabbino, persone altamente sensibili che sono anche estroversi sono cresciute più volte, e quindi comunicano con molte persone.

9. Nelle impostazioni del team, funzionano bene. Poiché le persone altamente sensibili sono pensatori così profondi, fanno dipendenti preziosi e membri del team, afferma Aron. Tuttavia, per i posti nelle squadre in cui non devono effettuare la chiamata finale, potrebbero essere adatti. Ad esempio, se una persona altamente sensibile fa parte di un team medico, nel valutare i pro e i contro di un paziente che viene operato, sarebbe utile, mentre qualcun altro determinerebbe se il paziente riceverebbe l'intervento chirurgico .

10. Sono più vulnerabili alla depressione o all'ansia (ma solo se hanno avuto molte esperienze negative in passato).

"Se hai avuto un buon numero di brutte esperienze, specialmente all'inizio della vita, in modo da non sentirti al sicuro nel mondo, o non ti senti al sicuro a casa o ... a scuola, il tuo sistema nervoso è impostato su "ansioso", dice Aron. Ma questo non significa che tutti gli individui altamente sensibili continueranno ad avere ansia e, in effetti, può fare molto per proteggersi da questo fornendo un'atmosfera di supporto. In particolare, i genitori di bambini altamente sensibili devono "rendersi conto che questi sono bambini fantastici, ma devono essere gestiti nel modo giusto", "Non puoiproteggerli troppo, ma non puoi nemmeno proteggerli in modo inferiore. Devi riordinarloproprio quando sono giovani in modo che possano sentirsiammaccati e possano fare bene.

11. Per un individuo altamente sensibile, il suono fastidioso è notevolmentepiù fastidioso.

Sebbene sia impossibile presumere che chiunque sia un fan dei suoni fastidiosi, gli individui estremamente sensibili sono più, beh, sensibili alla confusione e al rumore nel suo complesso. Questo perché Aron dice che sembrano essere sopraffatti più rapidamente esovrascritti da troppa attività.

12. I film violenti sono i peggiori.

Poiché gli individui altamente sensibili sono così ricchi di empatia e più facilmente sovrastimolati, la loro tazza di tè potrebbe non essere film con temi violence o horror, dice Aron.

13. Piangono più facilmente.

Ecco perché gli individui altamente sensibili devono posizionarsi in condizioni in cui non sarebbero fatti vergognare o "sbagliare" per piangere facilmente, afferma Zeff. Se i loro amici e familiari sanno di essere proprio così - che piangono facilmente - e accettano quel tipo di discorso, allora non sarà visto come una cosa meravigliosa "piangere facilmente". "

14. Hanno maniere superiori alla media.

Gli individui altamente sensibili sono anche individui molto attenti, afferma Aron. È anche probabile che siano premurosi e mostrino una buona etichetta a causa di ciò e sono più propensi a notare quando qualcun altro non è coscienzioso. Ad esempio, gli individui altamente sensibili potrebbero essere più consapevoli di dove si trova il loro carrello nel negozio di alimentari non perché hanno paura che qualcuno ne prenda qualcosa, ma perché non vogliono essere irrispettosi e hanno il loro carrelloche blocca il percorso di un'altrapersona.

15. Negli individui altamente sensibili, gli effetti dei criticim sono particolarmente intensificati.

Gli individui altamente sensibili hanno risposte più intense degli individui meno sensibili alle critiche. Di conseguenza, secondo Aron, possono usare tali tattiche per prevenire tali critiche, come le persone-gradite (in modo che non ci sia più nulla da criticareze), attaccandosi prima e ignorando completamente lafonte dellecritiche.

"Le persone possono dire qualcosa di negativo, [e] una persona non HSP [persona altamente sensibile] può dire, 'Qualunque cosa', e non li influenza", dice Zeff. "Ma un HSP lo sentirebbe molto più profondamente."

16. Cubi = buono. Piani open-office = bad.

Proprio come gli individui altamente reattivi tendono a fareallenamentida solista, possono anche preferire ambienti di lavoro da solista. Zeff afferma che molte persone altamente sensibili preferiscono lavorare da casa o diventare lavoratori autonomi perché, nelle loro impostazioni di lavoro, possono monitorare gli stimoli. Zeff afferma che le persone altamente sensibili possono preferire lavorare in un cubicolo - dove hanno più privacy e meno rumore - che in un piano open-office, per coloro che non hanno il privilegio di progettare i loro orari di lavoro flessibili (e ambienti).

VANTAGGI DELLE PERSONE ALTAMENTE REATTIVE SUL LAVORO

Le probabilità sono che chiunque nel tuo team o nella tua attività sia estremamente sensibile. A causa della loro disposizione tranquilla e non conflittuale, molti manager non riescono a vedere il potenziale degli HSP, ma possono essere un'enorme aggiunta al tuo team. Nel suo romanzo, Aron spiega alcuni motivi per cui:

- Coscienza: La sensibilità di un HSP consente loro di notare sottigliezze e disturbi nell'ambiente. Questo li rende consapevoli di ciò che, sia per se stessi che per gli altri, funziona e ciò che non lo fa.

- Insightfulness: Prima di diventare critiche, queste persone sono consapevoli di possibili "problemi delle persone" e hanno la saggezza di sapere come affrontarle.

- Con empatia: Spesso, gli HSP sono intuitivi ed empaticie comprendono veramente gli individui e le loro motivazioni. Ciò implica che possono facilmente percepire e affrontare le questioni interpersonali. Gli HSP odiano il confronto e la cura dei sentimenti e dei bisogni degli altri, il che li aiuta a creare migliorare l'armonia degliati.

- Diligent: gli HSP si sforzano di essere laboriosi, diligenti e attenti alla qualità. Possono vedere le specifiche e il quadro generale, e numerose possibilità possono essere visualizzate.

- Essere talentuosi: secondo una ricerca di Rizzo-Sierra, Leon-Sarmiento e Leon-S, individui altamente sensibili possono anche essere fantasiosi, percettivi, eccellenti comunicatori e talentuosi

CAPITOLO 3: COME GESTIRE PERSONE ALTAMENTE SENSIBILI

Diamo un'occhiata a sei metodi che puoi usare per ispirare i membri del tuo team altamente sensibili,ridurre iloro livelli di stress e mantenerli coinvolti.

1. Accetta persone altamente sensibili

Cercare di motivare un HSP nel tuo team per conquistare la loro sensibilità può essere allettante. Tuttavia, nonostante le vostre buone intenzioni, questa tattica spesso usata può farli sentire umiliati, esclusi, insufficienti e sempre più stressati.

Diversi HSP sono suscettibili a varie cose e le loro cause non possono essere modificate. Ad esempio, i suoni forti possono essere dolorosi per gli altri, mentre altri possono essere influenzati dalla tensione emotiva. Quindi, assicurati che il tuo membro del team altamente sensibile sia reattivo, ricettivo e comprensivo e lavori sodo per costruire e mantenere una cultura del posto di lavoro sana e confortevole. E, fai attenzione a non lasciare che il loro atteggiamento tranquillo in effetti sulla loro valutazione delle prestazioni.

2. Affrontare le fonti di stress

Chiedi cosa travolge o irrita il tuo membro estremamente sensibile del team. Questo può essere come sentirsi irritati da un fan ronzio, stanchi da lunghe riunioni o disturbati da pettegolezzi sul posto di lavoro, per esempio. Invece di ignorare le loro lamentele, sforzatevisi affrontare immediatamente questi problemi.

Gli HSP si prendono cura del loro lavoro e possono essere reattivi alle critiche, fornendo loro feedback sia positivi che negativi. Ove possibile, fai sapere loro che ne valori ti le caratteristiche e illustra esplicitamente come aiutano l'organizzazione.

3. Lascia che le persone lavorino da sole

Diversi HSP sono anche introversi, il che significa che fanno il loro miglior lavoro da soli. Quindi, incoraggia il tuo membro del team altamente sensibile a lavorare da solo quando possibile e pianificali per il recupero durante il lavoro di squadra o le attività group nelle pause quotidiane.

Poiché gli HSP sono molto consapevoli dell'ambiente circostante, quando li guardi lavorare, micro gestirli o posizionarli sul posto, sembrano sentirsi insicuri e funzionare male. "Promemoria o "check-in" possono anche essere visti da loro come una mancanza di fiducia. Quindi, dai al tuo team altamente sensibile spazio per lavorare da solo e chiarire che sei disponibile quando hanno bisogno di aiuto.

4. Fornire un posto dove lavorare comodamente

Offri al tuo membro del team altamente reattivo, quando possibile, un'atmosfera di lavoro calma. Questa potrebbe essere una zona tranquilla dell'ufficio o di una sala riunioni o, se necessario, potresti incoraggiarli a lavorare da casa. Apprezzeranno anche il tempo tranquillo per prepararsi per la prima cosa del giorno al mattino.

Incoraggia il tuo HSP, in particolare dopo un'attività di gruppo, a fare frequenti pause durante il giorno, poiché possono sentirsi sopraffatti. Una giornata di incontri, attività o networking probabilmente avrebbe avuto il suo peso sulla salute e sul benessere di un individuo altamente sensibile, quindi dai loro un po'di tempo per riprendersi tra i soli incontri sociali.

Probabilmente aumenterai la loro produttività quando lo fai e permetterai loro di trovare nuove idee e invenzioni in grado di supportare il tuo team e la tua organizzazione.

mancia:

Altri membri del team possono vedere il tuo comportamento come un trattamento preferenziale. Quindi, cerca, ove possibile, di trattare tutti in modo equo e di soddisfare i singoli interessi del lavoro e dell'ambiente delle persone.

5. Dare preavviso

Pianificando o creando abitudini, pianificazioni e strategie per le attività future, molti HSP gestiscono la sovra stimolazione. Sebbene non sia sempre possibile evitare bruschi cambiamenti di pianificazione, prova a dare al tuo membro del team molto sensibile il maggior preavviso possibile prima di riunioni o eventi. Dai loro il tempo di ritrovare la calma se vengono svolazzati con cambiamenti dell'ultimo minuto.

mancia:

Ognuno ha i propri punti di forza, debolezze ed esigenze, e nel proprio ambiente, alcuni individui hanno bisogno di più stimolazione di altri. Quindi, chiedi e ai membri del tuo team cosa renderà la loro esperienza lavorativa più confortevole. Puoi massimizzare la loro abilità, abilità, benessere e successo quando capisci la sensibilità di ogni individuo.

6. Motivare gli HSP ad agire

Nel suo romanzo, la dott.ssa Barrie Jaeger menziona Making Work for the Highly Sensitive Individual che ci sono alcune cose che puoi ispirare il tuo HSP a fare per sostenersi al lavoro. Se si sentono sopraffatti o depressi, ad esempio, potresti raccomandare loro di trascorrere qualche minuto da soli e fare qualche respiro profondo. Durante la pausa pranzo, puoi anche consentire loro di fare passeggiate da solista e ascoltare musica rilassante con gli auricolari. Possono fermare certi stimoli o fare pause in seguito per tornare in pista se imparano a prendere coscienza di ciò che li travolge.

Punti chiave

L'alta sensibilità è una caratteristica ereditaria ereditata che è spesso confusa con timidezza o ansia e fraintesa. Hdevonover, individui altamente sensibili semplicemente elaborano le informazioni più profondamente, si sentono più facilmente sovra stimolati, sperimentano una maggiore empatia e sono più consapevoli di altri membri del team di sottigliezze cambiamenti d nel loro ambiente.

Le persone creative, coscienziose ed empatici sono persone estremamente sensibili e possono essere di grande aiuto per un'organizzazione. Come capo, abbracciando e concedendo loro spazio e tempo da soli per fare il loro miglior lavoro, puoi massimizzare l'efficienza e il benessere del tuo membro del team altamente sensibile. Saranno i membri del team più efficaci quando gli HSP possono funzionare in ambienti pacifici, rilassati e accoglienti.

POTENZIALI INSIDIE

Non sorprende che, di fronte a circostanze stressanti, individui altamente sensibili sembrano innervosirsi di più. Anche le cose che possono rotolare via dalle spalle di altre persone possono stressarle.
Per la maggior parte delle persone, lo stress sociale è visto come più tassante di altri tipi di stress. Per qualcuno che può percepire diversi modi in cui le cose possono andare male in un confronto, ad esempio, o può percepire animosità o tensione in cui gli altri potrebbero non vederlo, questo tipo di stress può essere particolarmente impegnativo. Gli elementi rilevanti per i più sensibili che possono essere sostanzialmente stressanti includono:

Orari frenetici

Non tutti amano essere troppo occupati, ma il brivido e l'euforia di una vita frenetica prosperano su alcune persone. D'altra parte, quando hanno molto da fare in un breve periodo, H.P.S. si sentono stressati e scosso, anche se teoricamente hanno abbastanza tempo per farlo se si affrettano. Forse non essere in grado di far funzionare tutto, la necessità di destreggiarsi tra la confusione e la tensione di tali circostanze sembra incredibilmente stressante.

Le aspettative degli altri

Gli individui altamente sensibili sembrano raccogliere i desideri e le emozioni degli altri. Odiano deludere la gente. Imparare a dire di no è una sfida e una necessità per gli HSP perché possono sentirsi schiacciati dalle richieste degli altri, in particolare perché se gli HSP devono dire di no, possono sentire la delusione dei loro amici.

Le persone altamente emotive tendono ad essere i loro peggiori critici. Si sentono responsabili della felicità altrui o dolorosamente consapevoli di essa come sentimenti negativi che galleggiano in giro.

Controversie

Gli HSP potrebbero avere maggiori probabilità di essere sotto pressione a causa del disaccordo. In una relazione, potrebbero essere più consapevoli dei problemi che si preparano, anche quando le cose sembrano solo un po '"fuori" con qualcuno che potrebbe non comunicare che c'è un problema. Ciò può anche contribuire a far interpretare erroneamente segnali non correlati come segni di conflitto o frustrazione.

Confronto sociale

Gli individui altamente sensibili possono anche essere vulnerabili all'onere dei confronti sociali. Possono percepire sia i sentimenti negativi dell'altra persona che i propri sentimenti, e possono percepirli più intensamente e profondamente di altri.

Quando i risultati potenzialmente positivi danno il posto a risultati più negativi durante un conflitto in peggioramento, potrebbero essere più consapevoli della probabilità di cambiamento e frustrazione.

Quando sapranno che una relazione è finita, saranno anche più frustrati, sperando che i problemi avrebbero dovuto essere risolti, mentre qualcun altro potrebbe sentirsi come se non ci fosse nulla che potesse essere fatto e se ne andò.

I più sensibili possono ancora più acutamente sinc ela perdita di un'amicizia e indulgere nella ruminazione.

Le tollerazioni

Gli allenatori di vita si riferiscono a quei normali scarichi energetici che tutti abbiamo come tolleranze, come quelli che producono tensione e non sono strettamente importanti nelle "cose che tolleriamo". Per l'HSP che sta cercando di concentrarsi, ad esempio, le distrazioni possono sembrare più frustranti, o i cattivi odori in casa propria possono essere avvertiti più fortemente e rendere più difficile rilassarsi per unHSP in una casa disordinata.

Le persone altamente reattive sono scioccate dalle sorprese più rapidamente. Quando hanno fame, si "impiccano"- non lo sopportano bene. Per gli estremamente sensibili, gli stressanti quotidiani della vita a volte si sommano a più rabbia in questo modo.

Fallimenti personali

Sono più suscettibili alla ruminazione e all'indubbio, anche se gli HSP sono i loro più grandi critici. Se com fanno un errore imbarazzante, si ricorderanno per un bel po 'e si sentiranno più imbarazzati di quanto farebbe la persona media.

Se stanno facendo qualcosa di difficile, a loro non piace essere osservati e giudicati, e possono persino rovinare a causa della tensione di essere osservati. Più spesso, sono perfezionisti, ma possono anche essere più consapevoli dei modi in cui questa tensione non inottenibile e di come li influenza.

Il tuo tipo di personalità può aff ect salute fisica e mentale.

SUGGERIMENTI/TRUCCHI

Può essere particolarmente utile trovare modi per far fronte allo stress della vita se ti capita di avere una personalità più sensibile. Come individuo altamente sensibile, gran parte della tua strategia di gestione dello stress includerà l'isolamento da troppi stimoli.

Posiziona un buffer tra sensazioni sensoriali che si sentono distraenti e te. E soprattutto, sa cosa causa stress in te e impara a prevenire queste cose.

Building momenti significativi nel vostro programma per isolarvi da stress extra, si può incontrare, aggiunge positività.

Ferma stressanti come film slasher e individui che drenano la tua energia positiva, ti fanno richieste elevate o mati senti male con te stesso.

Impara a dire di no e senti ok con richieste travolgenti e costruisci un perimetro nellatua vita.

Costruisci un posto sicuro. Lascia che un'atmosfera rilassante sia la tua casa.

Essere una persona altamente emotiva significa che è più probabile che tu senta le cose profondamente, che queste cose siano positive o negative. Mentre gli alti possono essere felici, i minimi possono presentare problemi che possono influire sullo stress, sulle relazioni e sulla capacità di far fronte. Crea una strategia su come gestire le tue emozioni in circostanze stressanti e assicurarti di non essere stressato.

CAPITOLO 4: 10 TIPI DI PERSONE ALTAMENTE SENSIBILI (E COME PROTEGGERTI SE SEI UNO)

Ecco le dieci forme che ho incontrato in individui altamente sensibili. È d'accordo con questi?

Il bambino orchidea

Secondo il professor Bruce Ellis, i bambini delle orchidee sono biologicamente sensibili al contesto , il che significa semplicemente che sono molto più sensibili di coloro che prosperano e si adattano qualsiasi situazione in cui potrebbero ritrovarsi.

In qualsiasi situazione sperimentino, la maggior parte dei bambini sopporta e persino fiorisce, come i denti di leone. Nutriti con genitori e servizi di qualità, i bambini orchidee cresceranno in modo spettacolare negli individui più felici e prosperi della società. In confronto, sono più a rischio di chiudere alle prese con la depressione, i problemi di tossicodipendenza e persino il carcere, dati i cattivi ambienti Parenti e abbozzati.

Questi sono individui altamente sensibili la scoperta di "Orchid Child" rivela quanto siamo comuni.

La persona difensiva sensoriale

Gli individui difensivi sensoriali possono essere descritti come segue, secondo Sharon Heller, una professoressa universitaria:

- Infastidito da certe trame che entrano in contatto con la loro pelle
- Facilmente sorpreso da rumori inaspettati e rumorosi
- Reattivo e molto solletico al tatto
- Con luci brillanti e troppo stimolo visivo, sono imbarazzanti.
- Sgradevole tra la folla
- Reattivo aifortiodo u r
- Non amano alcuni alimenti a causa della consistenza e della sensazione

Individui altamente sensibili sono oggetto dello studio di Heller. Sono fermamente, questi concetti sono in fase di sviluppo per identificare più suscettibili a diversi stimoli, illustrando quanti di noi esistono ancora.
Persona limite sottile
Negli anni '80, mentre cercava individui che soffrivano di incubi, Ernest Hartmann, MD, della Tufts University ha avuto l'idea dei "confini". Egli ha sottolineato che durante la sua ricerca c'era una piccola età di persone che potevano ricordare i loro sogni con dettagli ricchi e vividi, anche se il sogno era particolarmente abbozzato. Questa è precisamente la situazione a cui ho assistito e lo stesso mi è stato detto da altri individui molto sensibili. Ecco le altre caratteristiche che queste persone sperimentano:

- Quando vengono bombardati con input sensoriali ed emotivi, vengono sopraffatti e stanchi
- Senti ancora più dolore o felicità della persona media
- Allergie e disturbi sono più a rischio.

- Soffrire di più da neonati mentre assiste a traumi
- Quando esposti a luci brillanti, suoni rumorosi, odori insoliti stimolazione sensoriale, sono eccessivamente influenzati.

I sensibili

Ci sono molte informazioni sui "sensibili" là fuori, che sono persone definite come segue:

Abilità psichiche

Le caratteristiche e i comportamenti abituali sempre associati a individui altamente sensibili, capacità psichiche e percezione extrasensoriali sono sempre elencati al di là di quello dei normali esseri umani riguardanti i sensibili. Sembra inverosimile, mi rendo conto, ma poi ci sono prove nel budino, giusto? Ecco alcune delle abilità extrasensoriali elencate:

- Gli Hunches
- Percepire le emozioni di altre persone
- Capace di 'comprendere' il futuro
- Guarda le ombre dall'angolo del suo occhio o del suo movimento
- Prova dolore fisico quando si fanno scelte errate, come nodi nello stomaco

La persona incline alla fantasia

Questa caratteristica è stata scoperta in individui dagli psicologi americani Sheryl C. Wilson e Theodore X. Barber nel 1981 e ha riferito che ha influenzato circail 4% della popolazione.

Questi individui inclini alla fantasia trascorrono chiaramente gran parte del loro tempo fantasticando e si dice anche che sperimenteranno il paranormale. Come si diceva che Giovanna d'Arco abbia assistito, molte di queste persone sono anche profondamente religiose e hanno visioni e voci.

Tratti fantasy-prone-people:

- Ottenere amici immaginari da bambini
- Guarda le apparizioni
- Afferma di avere abilità psichiche
- Avere percezioni sensoriali vibranti e vivide
- Fantastica come i bambini a volte
- Capace di curare gli altri
- Per quanto riguarda le sensazioni reali e immaginate possono essere percepite

È difficile sapere esattamente cosa c'è là fuori, e queste fantasie potrebbero essere incontrate da individui estremamente sensibili. Chi sa cosa è, e cosa no, reale? Distinguere il fatto dalla finzione raccolto per persone altamente sensibili.

Il sensibile elettrico

Sapevi che ci sono individui più suscettibili all'elettricità? Centinaia di persone sono state interrogate dal ricercatore britannico Michael Shallis negli anni '80 su questo, e i risultati sono sorprendenti. La maggior parte degli individui che rispondono elettricamente sono donne.

Nell'indagine di Shallis, ecco cosa spicca:

- Le allergie hanno colpito il 70% degli intervistati.
- Il 70 % era contrario alle luci brillanti e ai rumori forti.

- Il 23% è stato colpito da un fulmine.
- Il 60% era malato fisicamente prima dei temporali o era in grado di percepire il proprio approccio.
- Il 69% aveva sperimentato fenomeni psicologici.

Quando ero giovane, ho scoperto che i lampioni avevano sempre un impatto su di me. Have hai sperimentato anche questo?

Dotato- Sovraeccitabilità di Dabrowski
Kazimierz Dabrowski ha studiato i bambini dotati e identificato cinque aree di estrema intensità chiamate "sovra-eccitazioni" o "super sensibilità" più adatte a questo articolo.

Ecco alcune delle qualità che Dabrowski ha scoperto per questi individui:
- Psicomotorio:
- Comportamento impulsivo
- Abitudini nervose e zecche
- Espressione fisica delle emozioni
- Insonnia

Sensuale:
- Sensi estremamente acuti
- Incline alle allergie
- Prova disagio con alcune trame
- Ricerca del piacere
- Hai bisogno di comfort

Intellettuale:
- Profonda curiosità
- Ragionamento teorico
- Ancora fare domande

Immaginazione:

- Sogni vividi
- Amare la poesia, la musica e il dramma
- Fantasia d'amore
- Sognare ad occhi aperti Sognare ad occhi aperti

Emotivo:
- La paura
- Timidezza e timidezza
- Solitudine
- Preoccupazione per gli altri
- Memoria efficiente per le emozioni
- Estremi emotivi

Non è bello vedere quanti esperimenti sono stati eseguiti negli ultimi decenni su individui e adolescenti estremamente sensibili. Questo ci permette di avere a che fare con individui estremamente emotivi, consapevoli che siamo più in numero.
Sapere che la tua sensibilità è il tuo potere è il modo chiave per difenderti come una persona altamente sensibile. Come altre persone, non devi essere "forte". Il potere deriva dall'accettare chi sei.

CAPITOLO 5: DISTURBI D'ANSIA

L'ansia è un'emozione naturale. È il modo in cui il tuo cervello reagisce allo stress e ti avvisa dei possibili pericoli che ci attendono.

Di tanto in tanto, tutti si sentono nervosi. Ad esempio, di fronte a un problema sul lavoro, prima di fare un test, potresti preoccuparti prima di prendere una decisione importante.

L'ansia occasionale andrà bene. Eppure i disturbi d'ansia variano. Sono una categoria di disturbi mentali che scatenano ansia e paranoia che sono implacabili e travolgenti. Dovresti evitare il lavoro, la scuola, i gruppi familiari e altre interazioni sociali che possono causare o esacerbare sintomi a causa dell'ansia estrema.

Molte persone con disturbi d'ansia possono controllare le loro emozioni con i farmaci.

TIPI DI DISTURBI D'ANSIA

Esistono diversi focolai di disturbi d'ansia:

- Malattia generalizzata dell'ansia: Per poca o nessuna spiegazione, si percepisce una preoccupazione e una tensione eccessive e irrealistiche.
- Disordine del panico: si sperimenta immediatamente una paura estrema, che porta in un attacco di panico. Puoi sudare, avere dolore al petto e avere un battito cardiaco martellante durante un attacco di panico

(palpitazioni). Potresti sentirti come se a volte stai soffocando o avendo un infarto.

- Disturbo dell'ansia sociale: Questo è quando si sperimenta un'eccessiva preoccupazione e autocoscienza sulle interazioni sociali quotidiane, note anche come fobia sociale. Ti preoccupi ossessivamente di essere giudicato o insultato o deriso da altri.

- Fobie uniche: sperimenti una paura estrema, come altezze o voli, di un particolare oggetto o circostanza. L'apprensione va oltre ciò che è adatto e può portarti ad evitare circostanze ordinarie.

- Agorafobia: Quando si verifica un'emergenza, hai una paura travolgente di essere in una posizione in cui è impossibile fuggire o ottenere aiuto. Ad esempio, mentre sei su un aereo, sui mezzi pubblici o in fila con una folla, puoi farti prendere dal panico o sentirti nervoso.

- Ansia per la separazione: i bambini piccoli non sono gli unici che si sentono spaventati o tristi quando una persona cara se ne va. Chiunque può avere la condizione di ansia da separazione. Se lo fai, quando una persona che sei vicino a lascia la vista, ti sentirai molto nervoso o spaventato. Sarai sempre preoccupato che accada qualcosa di terribile alla persona amata.

- Mutismo selettivo: Questo è un tipo di ansia sociale in cui, come a scuola, i bambini piccoli che di solito comunicano con la loro famiglia non parlano in pubblico.

- Disturbo d'ansia causato dalla medicina: Qualsiasi segno di disturbo d'ansia può essere innescato dall'uso di alcuni narcotici o sostanze illegali o dal ritiro di alcuni farmaci.

SINTOMI DI DISTURBO D'ANSIA

L'eccessiva paura o preoccupazione è il principale sintomo dei disturbi d'ansia. I disturbi d'ansia possono anche rendere difficile respirare, dormire, stare fermi e concentrarsi. I tuoi sintomi esatti si basano sul tuo tipo di disturbo d'ansia.
I sintomi comuni sono:
- Paura, panico e disagio
- Panico, oscurità o sentimenti di minaccia
- Problemi con il sonno
- Non essere in grado di rimanere calmi e tuttavia essere in grado di
- Mani o piedi freddi, sudati, intorpiditi o formicolio
- Mancanza di respirazione
- Respirare più velocemente e più velocemente del normale (iperventilazione)
- Palpitazioni cardiache
- Bocca secca Bocca secca
- Nausea
- Muscoli tesi
- Vertigini
- Pensare più e più volte a un problema e incapace di fermarsi (ruminazione)
- Incapacità di concentrarsi

- Evitare oggetti o posizioni temuti con vigore o ossessivamente

Cause delle condizioni di Angst e fattori di rischio
I ricercatori non sono sicuri di cosa causi disturbi d'ansia. Un complicato mix di cose gioca un ruolo in chi lo fa e non ne ottiene uno.

CAUSE DEL DISTURBO D'ANSIA

Ci sono alcune cause di disturbi d'ansia:
- In genetica: Le famiglie possono sviluppare disturbi d'ansia.
- Chimica nel cervello: Alcuni studi indicano che i disturbi d'ansia potrebbero essere correlati a circuiti cerebrali difettosi che regolano la paura e le emozioni.
- Stress sull'ambientazione: questo vale per gli incidenti traumatici che hai visto o visto. Gli incidenti di vita che a volte sono correlati a disturbi d'ansia includono l'abuso e l'abbandono infantile, la morte di una persona cara o l'aggressione o l'aggressione.
- Astinenza o abuso di farmaci: To nascondere o ridurre i segni di ansia, alcuni farmaci possono essere utilizzati. Il disturbo d'ansia va anche di pari passo con l'assunzione di alcol e narcotici.
- Situazioni di salute: Alcune condizioni del cuore, dei polmoni e della tiroide possono causare sintomi simili a disturbi d'ansia o peggiorare i sintomi di ansia. Quando si parla con il medico di ansia, è fondamentale ottenere un esame fisico completo per escludere altre condizioni mediche.

FATTORI DI RISCHIO PER DISTURBO D'ANSIA

Alcune cose ti rendono anche più propenso a sviluppare un disturbo d'ansia. Questi sono chiamati fattori di rischio. Alcuni fattori di rischio non puoi cambiare, ma altri puoi.
Le variabili di rischio per i disturbi d'ansia sono:

- Storia del disturbo di salute mentale: Il rischio di disturbo d'ansia è aumentato avendo un altro disturbo di salute mentale, come la depressione.
- Abusi sessuali dall'infanzia: Più avanti nella vita, l'abuso o l'abbandono emotivo, fisico e sessuale è associato a disturbi d'ansia.
- Attraverso il trauma: Il rischio di disturbo da stress postraumatico (P.T.S.D.), che può scatenare attacchi di panico, viene aumentato vivendo un evento traumatico.
- Eventi negativi nella vita: Il rischio di disturbo d'ansia è aumentato da eventi di vita stressanti o negativi, come perdere un genitore nella prima infanzia.
- Grave malattia o condizione di salute cronici: La costante preoccupazione per la salute o la salute di una persona cara, o prendersi cura di qualcuno che è malato, può farvi sentire ansiosi e sopraffatti.
- Abuso di sostanze: È più probabile che tu abbia un disturbo d'ansia da alcol e droghe illegali. Alcune persone usano anche queste sostanze per nascondere o alleviare i sintomi dell'ansia.
- Essere timidi come un bambino: negli adolescenti e negli adulti, la timidezza e l'isolamento da nuovi

individui e luoghi durante l'adolescenza è legato all'ansia sociale.

- Autostima bassa: le opinioni negative su di te possono contribuire al disturbo d'ansia sociale.

DIAGNOSI DEL DISTURBO D'ANSIA

Il medico la valuterà e farà domande sulla sua storia medica quando ha sintomi. Escludere eventuali problemi di salute che possono causare i sintomi, possono eseguire test. Nessun test di laboratorio può diagnosi disturbi d'ansia direttamente.

Possono mandarti da uno psichiatra, psicologo o da un altro professionista della salute mentale se il tuo medico non vede alcuna causa fisica per come ti senti. O scoprire se si può avere un disturbo d'ansia, questi medici vi faranno domande e voi se strumenti test. Quando ti diagnostiche, i medici peseranno per quanto tempo hai avuto sintomi e quanto sono gravi. Se la tua ansia rende difficile godere o completare le attività quotidiane a casa, al lavoro o a scuola, è importante far sapere ai tuoi medici o paesi.

TRATTAMENTI PER DISTURBO D'ANSIA

Per ridurre e gestire i sintomi del disturbo d'ansia, ci sono molti trattamenti. Coloro che hanno disturbi d'ansia di solito prendono la medicina e vanno in consiglio.

I trattamenti per il disturbo dell'anxiety includono:

- Medicinali: To trattare i disturbi d'ansia, vengono utilizzati diversi tipi di farmaci. To decidere quale è meglio per te, parla con il tuo medico o psichiatra dei pro e dei contro di ogni medicinale.

- Farmaci antidepressivi: I primi farmaci prescritti a qualcuno con un disturbo d'ansia sono tipicamente antidepressivi moderni (SSRI e SNRI). Escitalopram (Lexapro) e Fluoxetine sono esempi di SSRI (Prozac). La duloxetina (Cymbalta) e la venlafaxina sono SNRI (Effexor).

- Bupropione: Bupropion, t suoèun'altra forma di antidepressivo che è comunemente usato per il trattamento dell'ansia cronica. Funziona in modo diverso rispetto agli SSRI e agli SNRI.

- Antidepressivi aggiuntivi: Questi includono triciclici e inibitori della monoammina ossidasi (MAOI). Sono meno utilizzati perché gli effetti collaterali possono essere scomodi o pericolosi per alcune persone, come l'aumento della pressione sanguigna, la bocca secca, la visione sfocata e la ritenzione urinaria.

- Con le benzodiazepine: Se hai emozioni o ansia di panico ricorrenti, il medico può prescrivere uno deim. Aiutano a ridurre l'ansia. Alprazolam (Xanax) e clonazepam sono esempi (Klonopin). Funzionano facilmente, ma a seconda di loro, potresti diventare dipendente. Di solito dovrebbero essere un componente aggiuntivo al farmaco per il disturbo d'ansiae non dovresti prenderli a lungo.

- Agenti beta-bloccanti: se hai segni fisici di ansia, come un polso martellante, tremante o tremanti, questo tipo di farmaci per l'ipertensione ti farà sentire meglio. Durante un attacco d'ansia acuto, un beta-bloccante può aiutarti a rilassarti.

—

47

- Anticonvulsants: Usato nelle persone con epilessia per evitare convulsioni, questi farmaci possono anche alleviare i sintomi del disturbo d'ansia.
- Agli antipsicotici. Per aiutare a rendere più facili altre terapie, possono essere aggiunte basse dosi di questi farmaci.
- Buspirone (BuSpar): Occasionalmente, questo farmaco anti-ansia viene utilizzato per trattare l'ansia cronica. Prima di vedere il sollievo totale dai sintomi, dovrai prenderlo per alcune settimane.
- Psicoterapia: Questo è un metodo di trattamento che ti aiuta a capire come i tuoi sentimenti influenzano le tueazioni. A volte si chiama talk therapy. Un esperto qualificato di salute mentale ascolta e condivide i tuoi pensieri ed emozioni con te e consiglia modi per capirli e gestirli e il tuo disturbo d'ansia.
- Terapiacognitiva-behavioural (C.B.T.): Questa forma popolare di psicoterapia ti insegna come trasformare pensieri e azioni in quelli costruttivi che sono negativi o che causano il panico. Senza ansia, imparerai modi per avvicinarti attentamente e gestire circostanze spaventose o preoccupanti. Alcune posizioni forniscono C.B.T. sessioni per famiglie.

GESTIONE DEI SINTOMI DEL DISTURBO D'ANSIA

Questi suggerimenti possono aiutarti a controllare tuoi sintomi o ridurli:

1. Scopri il disturbo che hai: più sai, più sarai addestrato lungo la strada per gestire sintomi e blocchi stradali.

Non aver paura di fare al tuo medico alcuna domanda tu possa avere. Sei una parte vitale del team sanitario, ricorda.

2. Attienti al tuo piano per il trattamento: fermare i farmaci inaspettatamente può causare effetti collaterali avversi e persino innescare sintomi di ansia.

3. Riduci cibi e bevande contenenti caffeina, come caffè, tè, cola, bevande energetiche e cioccolato. La caffeina è un farmaco che cambia l'umore e può peggiorare i sintomi del disturbo d'ansia.

4. Non usare alcol e droghe di strada per divertimento: l'abuso di sostanze aumenta il rischio di disturbi d'ansia.

5. Cucina bene e fai esercizio fisico: allenamenti aerobici vivaci come jogging e ciclismo aiutano a rilasciare sostanze chimiche cerebrali che tagliano lo stress e migliorano il tuo umore.

6. Per più sonno: anche i disturbi del sonno e dell'ansia vanno di pari passo. Rendi prioritario riposarsi decentemente. Segui una routine rilassante per andare a dormire. Se ha problemi a dormire, parli con il medico.

7. Impara a rilassarti: una parte significativa del piano di recupero per il disturbo d'ansia è la gestione dello stress. Dopo una giornata stressante, attività come la meditazione o la consapevolezza possono aiutarti a rilassarti e rendere la terapia più facile.

8. Tieni un diario: può aiutarti a rilassarti scrivendo i tuoi pensieri prima che la giornata sia tramontata, in modo da non sferlare e girare tutta la notte con pensieri nervosi.

9. Gestire i sentimenti negativi : Pensare pensieri ottimistici aiuterà a ridurre l'ansia invece di quelli problematici. Tuttavia, se hai una qualche forma di ansia, questo potrebbe essere difficile. Terapiacognitiva- behavioural può insegnarti come i tuoi pensieri possono essere reindirizzati.

10. Avvicinati agli amici: le interazioni sociali aiutano le persone ad avere successo e a rimanere al sicuro, di persona, al telefono o al computer. Ci sono livelli più bassi di ansia sociale nelle persone con un gruppo stretto di amici che aiutano e parlano con loro.

11. Perseguire l'aiuto: alcune persone trovano utile ed edificante parlare con coloro che sperimentano gli stessi sintomi e sentimenti. L'auto-aiuto o i gruppi della comunità ti consentono di condividere con coloro che sono stati lì le tue preoccupazioni e risultati.

Prima di assumere farmaci da banco o rimedi erboristici, chiedere al medico o al farmacista. Molti hanno sostanze chimiche che possono peggiorare i sintomi dell'ansia.

PROSPETTIVE DEL DISTURBO D'ANSIA

Vivere con un disturbo d'ansia può essere impegnativo e stressante. Puoi sentirti esausto e terrorizzato dalla costante preoccupazione e paura. Se hai parlato dei tuoi sintomi con un medico, allora hai fatto il primo passo per lasciare andare la preoccupazione.

Trovare il trattamento giusto che funziona per te richiederà del tempo. Potresti aver bisogno di molti tipi di farmaci se hai più di un disturbo d'ansia. Una combinazione di farmaci e terapia è la migliore per la maggior parte delle persone con disturbi d'ansia. Puoi imparare come controllare i tuoi sintomi e avere successo con una buona cura e trattamento.

CAPITOLO 6: ENERGY NEGATIVO NELLE PERSONE

Su adulti, adolescenti bambini, l'energia negativa ha un effetto profondo. Le persone che portano in giro questo atteggiamento avverso possono sembrare molto potenti per coloro che sono in loro presenza. L'energia negativa è espressa da te o dai tuoi amici che vengono messi giù. Tali commenti sono riportati direttamente a te o alle nostre spalle. I commenti possono essere una descrizione corretta di come questa persona si sente, o possono essere fatti up per accelerare il dramma. L'energia negativa può anche essere espressa da lui che non si impegna con te in una discussione. Facendo domande, cercherai di farlo parlare, ma o ti ignorerà o farà commenti come "Qualunque cosa", "Non mi interessa", o "Non mi interessa". Può anche esprimere la sua delusione dandoti il trattamento silenzioso e credendo che tu non esista. Spesso, queste persone non condividono molta eccitazione per nulla o nessuno. Tendono ad essere itated e scontrosi.

Ci sono diversi motivi per cui molti sperimentano l'energia negativa come travolgente e terrificante. Nella nostra società, il messaggio che riceviamo è che dobbiamo essere migliori di altri per avere successo. Questa mentalità, quindi, genera una rivalità malsana che porta all'applicazione di altri. Non imita lo spirito di collaborazione.

Passiamo molto tempo a guardareT.V., i cui popolari reality show sono specializzati nell'umiliazione delle specie. Siamo molto influenzati da questo e impariamo che la cosa bella da fare è umiliare gli altri. Pensiamo che sia divertente quando, in truth, danneggia la razza umana.

T.V. la notizia ha teste parlanti che tentano di esprimere la loro posizione su questioni del giorno mentre insultano l'opposizione, facendole sembrare uno stile di vita minore. Apprendiamo che è auspicabile prendere in giro il punto di vista degli altri, anche se può essere devastante per coloro che ricevono. Gli individui carichi di energia avversa hanno la loro raccolta di problemi. Di solito, non hanno molta fiducia in se stessi e non credono di essere belli, intelligenti di talento fisico. Pertanto, nel tentativo di elevare la loro triste visione degli elidi loro, prendere in giro gli altri. Mentre vengono abusati o ignorati, gli individui sopraffatti dall'energia negativa possono avere una bassa autostima. Potrebbero anche essere viziati tutto il tempo e abituati a vedere le cose andare per la loro strada. Se le cose non vanno per la loro strada, questo senso di diritto li fa essere eccessivamente sensibili ai sentimenti di rifiuto. Questo infortunio porta facilmente alla rabbia in cui prendere in giro gli altri o dire ai loro amici cose negative su di loro.

Questo atteggiamento arrabbiato / odioso / drammatico può farci incontrare queste persone con energia negativa. Questa persona può ricordarci gli altri che sono stati offensivi nei nostri confronti nella nostra vita. Pertanto, il prima possibile, potremmo sentire l'immediata necessità di fermare questa sensazione raccapricciante, spaventosa e pervasiva perché ci sembra così minacciosa. Facendo amicizia con la persona energetica avversa, possiamo provare a fermare questa sensazione andando in mare per non indirizzarci il suo veleno. Per impedirle di trasformare la rabbia contro di te, potresti ritrovarti a unirti nel mettere giù gli altri tuoi compagni.

Altri modi per trattare con una persona con energia negativa sono entrare in combattimenti con lui o fermarsi him facendo di tutto.

Come possiamo trattare con le persone che usano energia negativa?

1. Digli che una volta che smetteranno di dire cose cattive su di te e sui tuoi colleghi, non sarai amico di loro.
2. Vedi se riesci a farli impegnare in una conversazione seria su come si sentono su se stessi.
3. Se sei un bambino o un adolescente, contatta il tuo insegnante e dille che sei preoccupato per una persona con energia negativa e vuoi che impari come esprimersi.
4. Incoraggiali a provare una nuova attività e incoraggiali a prendere parte a un'attività che ti piace.
5. Comprendi come questo ti influenza e sforzati di essere cosciente quando ti vengono attivati e sentiti sul punto di rispondere impulsivamente.

15 SEGNI DI PERSONE NEGATIVE

Un cocktail mix tossico è una mancanza di fiducia, tristezza e sventura, sfiducia e ansia. Con tutto questo dentro di loro, probabilmente ti chiedi come una persona può sopravvivere! Eppure, tutto intorno a noi, questi individui negativi esistono sono impossibili da evitare.

Questo non significa che non avrai mai momenti di disperazione, ansia e scoraggiamento. Ma non lasci mai che questi pensieri prendano il controllo della tua vita come individuo positivo. Vivi il rapporto quattro a uno: generi quattro pensieri positivi per evitare che le situazioni solvano dalla portata per ogni negativo. Troverai quindici segni di persone negative qui sotto e vedrai cosa li fa spuntare. Scoprirete perché molte persone non conoscono la loro negatività e come rovina la loro vita e quella di tutti gli altri. Per evitare di cadere nel buco nero della negatività, questi segnali di avvertimento ti insegneranno ad essere in allerta.

I 15 segni di persone negative:

1. Sono sempre preoccupati.

Una dieta molto malsana. Le persone negative sopravvivono sull'ansia. Questo atteggiamento è orientato verso la necessità di sentirsi protetti e consapevoli in misura estrema. La consapevolezza pratica il rimanere nel presente sono modi diversi per preoccuparsi Dello squash.

"Qualunque cosa accada succederà, che ci preoccupiamo o meno." -Anna Munnar

2. Stanno cercando di convincerti cosa possono fare.

Puoi essere sicuro che sono nella squadra negativa quando le persone iniziano a chiederti cosa puoi fare con la tua vita, quale casa comprare o se dovresti cambiare il tuo lavoro. Potrebbero non saperlo, ma questo è un segno sicuro che non hanno superato i loro problemi con la vita. Chiedere a qualcun altro come vivere la propria vita è molto più semplice!

3. Vivono nella posizione predefinita

C'è una ragione psicologica per cui alcuni individui finiscono per essere così pessimisti. Ha a che fare con l'amigdala portino del cervello, che funge da allarme e continua a guardare fuori per rischio, ansia e cattive notizie. Gli scienziati ritengono che questa sia la posizione predefinita del cervello. Ciò è comprensibile in termini evolutivi; fa tutto parte del processo di volo della paura in cui il cervello usa gran parte dei suoi neuroni per tenere il passo con tutte le notizie negative memorizzate nella memoria.

Gli individui positivi sviluppano la capacità di valutare e affrontare problemi che possono superare questo processo.

4. Godono di riservatezza.

Potresti trovare la conversazione molto noiosa se incontri una persona negativa a una festa. Vivono nella paura che ciò venga usato contro di loro in qualsiasi modo, temendo di rivelare troppa conoscenza di se stessi. Raramente pensano che sia importante utilizzare ciò che esprimono in una luce costruttiva.

Se durante la conversazione ti ritrovi a essere sulla difensiva e a chiudere, pensa potenziali spiegazioni perché.

5. Sono pessimisti

Mia madre era la più grande pessimista del mondo. Diceva invariabilmente, individuando nuvole minacciose sulla strada per la spiaggia, che il meglio della giornata era andato. (Quando abbiamo dovuto tornare a casa, non ricordo alcun acquazzone.)

Gli individui negativi raramente si aspettano un risultato felice o un ottimo risultato. Pensano sempre che qualcosa andrà storto.

6. Non ridurranno al minimo la loro esposizione a notizie negative.

Le persone negative amano entrare nel tuo cubicolo e dire cose del tipo: "Hai sentito le terribili notizie su ...". dopo di che tutti i dettagli gory ti riempiono. La tragedia è che una persona è più profondamente colpita dalla sovraesposizione a notizie negative di quanto si credesse in precedenza. La ricerca ha dimostrato che l'esposizione dei media al crimine, alla morte e al disastro porta ad avete depressione, così come al disturbo postraumatico da stress(P.T.S.D.). È la prospettiva della vita per una persona pessimista. Ecco perché la quantità di notizie che guardi in televisione e il tuo P.C. dovrebbe essere limitato. Impegnativo? Forse. Forse. Ma è importante se vuoi rimanere ottimista.

7. Hanno una pelle molto sottile

Molti pessimisti- anche facendo i complimenti nel modo sbagliato - rischiano di essere troppo sensibili alle critiche. Commenti innocenti sono percepiti come condiscendente o scortese. Ad esempio, dal momento che non sono molto alti da soli, una persona negativa può trovare offensive le battute sulle persone corte.

8. Si lamentano molto

Personalità negative persuase che il mondo intero è contro di loro, sembrano gemere molto. Tipicamente, sono vittime del maltempo, di un capo severo, della sfortuna e dell'infanzia. Raramente facciamo un passo indietro per guardare ad altre variabili, come la mancanza di motivazione, l'immaginazione semplicemente il duro lavoro.

9. Non si muovono mai al di fuori della loro zona di comfort.

Per coloro che sono pessimisti, andare oltre il mondo familiare è anatema. Non possono affrontare il rischio di più ansia, dolore, difficoltà fallimento. Di conseguenza, non possono mai perseguire cose nuove e sono destinati a rimanere nella loro noiosa e triste zona di comfort.

10. Amano la parola 'ma.'

Una persona negativa può dire qualcosa di positivo sulla tua grande cucina o persino complimentarti con te. Potrebbero essere felici di ritrovarsi in un ristorante o sulla spiaggia. L'unico problema: con il termine "ma", finiscono le loro osservazioni, trasformando questo positivo in negativo. "Ricevi commenti come "Sembra un bel ristorante, ma mi chiedo perché non hai prenotato un tavolo fuori" o "È una spiaggia incantevole, ma così tante persone sono ancora in giro.

11. Sono in subattenitori
Potrebbe esserci una mancanza di progressi a causa di diverse cause, ma una grande causa è la negatività. Di solito, gli individui pessimisti non pensano di essere abbastanza intelligenti, atletici o abbastanza bravi. Ma il vero pericolo per le loro prestazioni è che sono paralizzati dalla loro intelligenza emotiva, che è spesso critica e argomentativa. Vi presentavano anche storie su quanto fossero difficili le persone, come non avrebbero mai lavorato insieme, e quanto fosse difficile arrivare con loro ovunque.
Pensi che, se fossero stati solo un po' più ambiziosi, sarebbero arrivati da qualche parte!
12. Non si entusiasmano mai per i progetti futuri
Avete scoperto che coloro che sono pessimisti non parleranno mai in modo costruttivo di piani o progetti? Probabilmente, poiché sono così coinvolti nelle loro sofferenze attuali, difficilmente discutono di piani. Hai aspirazioni come persona ottimista. Avete piani e aspettative su come sarà il futuro. Anche se sono intrappolati in un tunnel scuro, sei su un'autostrada aperta.
13. Diventano vampiri energetici
Oltre ad essere esigente, tutta la vita è prosciugata da persone negative, proprio come un vampiro. Sono intrinsecamente incapaci di generare energia costruttiva, e mentre continuano a tirarti giù il vortice della negatività, si concentreranno, tempo ed energia.
14. Perdono le cose positive della vita.
Una persona negativa difficilmente può ricordare gioia, entusiasmo, appsoddisfazione ed eccitazione. Questi non sono pensierio felings che sentono ogni giorno.

Naturalmente, dato che questi individui sono fissi sul loro lavoro insoddisfacente, sullerelazioni e sullo stato sociale,questo non è affatto scioccante.

15. Hanno fatto un giro negativo sulle buone notizie

Sei ansioso di condividere grandi notizie sulla carriera dei tuoi sogni, sulmatrimonio o su una nuova casa. Ma esiti quando vuoi dire qualcosa a una persona negativa. Sul perché? Ti rendi conto che troveranno ancora un modo per far sembrare le cose negative. Ti consiglieranno di essere vigile, avvisarti delle minacce e dirti di pensare attentamente primadi considerarle. Grazie alle tue stelle fortunate che sei positivo e che hai affrontato gran parte della negatività nella tua vita è il modo migliore per affrontare tutta questa negatività. Più un individuo è negativo, più felice puoiessere t che non sei come loroe farai molta attenzione a essere catturato sul loro web.

7 MODI PER SBARAZZARSI DELL'ENERGIA NEGATIVA E DIVENTARE POSITIVI

La negatività inibisce il desiderio di diventare qualcosa di straordinario e vivere una vita gratificante e intenzionale. Anche questo ha un'influenza tangibile sul nostro benessere. La ricerca ha dimostrato che gli individui che mantengono l'energia negativa incontrano più tensione, più malattie e meno opportunità di coloro che preferiscono vivere positivamente[1]. Può avere un impatto considerevole sulla tua salute mentale per imparare come eliminare l'energia negativa.

Cominceremo a sperimentare circostanze e individui che sono anche ottimisti quando decidono di diventare positivi e di portare avanti tale decisione con l'azione. Tutte le interazioni positive esalino l'energia negativa. È una conseguenza di una palla di neve.

Mentre ci sarà sempre energia negativa e positiva, limitare la negatività che sentiamo riempiendoci di y più positivi è la chiave per essere positivi.

Ecco come l'energia negativa può essere rid di e diventare più positiva:

1. Sii grato per tutto

Quando la vita è tutta una cosa su di noi, è facile credere che meritiamo ciò che abbiamo. Un atteggiamento di diritto pone uno al centro dell'universo e crea la falsa convinzione che gli altri dovrebbero incontrarci, i nostri desideri e i nostri desideri.

Un modo infallibile per incazzarsi per una vita insoddisfatta di pensieri ed emozioni depressive è questo vano stato della natura. Devi iniziare da qui se vuoi imparare come sbarazzarti dell'energia negativa. I "succhiatori di energia" sono persone che vivono in questo tipo di diritto, che sono sempre alla ricerca di ciò che possono ottenere da una situazione. I singoli individui che non capiscono la complessità della loro vita vivono in uno stato di perpetua mancanza. E questo modo di vivere una vita positiva è molto difficile.

Cambiamo il nostro atteggiamento dalla mancanza e dalla rabbia a uno di gratitudine quando passiamo il tempo ad essere grati e apprezzare tutto nella nostra vita, dalle piccole sfide che ci rendono più felici all'auto che ci porta da A a B ogni giorno. Altri notano questo riconoscimento e nelle nostre relazioni inizia a svilupparsi un'armonia positiva.

Stiamo iniziando a ottenere di più di ciò di cui siamo grati perché ci siamo aperti al concetto di ricevere invece di prendere. Questo renderà la tua vita più ottimista e più soddisfacente.

Dai un'occhiata a questo articolo se non sei sicuro di cosa potresti essere più grato: 32Thi ngs Dovresti essere grato per.

2. Ridi di più, specialmente a te stesso

La vita si fa da fare, i nostri orari si riempiono, arriviamo alle conversazioni e a volte il lavoro può sembrare orientato alle attività e alla routine. Essere un essere umano può sembrare più un robot. Ma si traduce anche in un pensiero negativo orientato all'energia e alle prestazioni per avere questo atteggiamento serio e guidato dal lavoro.

Diventare sicuri significa meno prendere sul serio la vita e lasciarsi andare. Questa è l'unica vita in cui puoi vivere, quindi perché non rendere il tuo umore più leggero?

Alleggerendo il nostro umore e ricordandoci di non prendere la vita così sul serio, la risata ci aiuta a diventare positivi. Sensibile al sarcasmo leggero, vero? Hai difficoltà a ridere di barzellette? Di solito, perché la loro vita è tutta lavoro e niente gioco, le persone che sono stressate eestroppo offese dal sarcasmo.

Uno studio del 2016 ha sottolineato che "Ridere può mitigare gli effetti dello stress diminuendo gli ormoni che fanno stress trovati nelsangue". Riducendo alcuni ormoni nel corpo, la risata può aiutare a invertire la risposta allo stress, mitigando ladepressione a lungo termine o a lungotermine.

La vita diventerebbe più un'avventura per capire cosa ci rende felici se potessimo imparare a ridere di noi stessi e dei nostri errori, e cercare la felicità rende molto più facile trovare positività.

3. Aiuta gli altri

La negatività va con l'egoismo, mano nella mano. Nella loro vita, le persone che vivono solo per se stesse non hanno un significato più grande. Il percorso verso la soddisfazione e il significato a lungo termine sarà lungo se lo scopo di questo pianeta è solo quello di prendersi cura di se stessi e di nessun altro. Guarda fuori di te stesso per imparare come sbarazzarti dell'energia dannosa e iniziare ad aiutare gli altri.

La positività segue l'intenzione. Iniziare a fare le cose per gli altri è il modo più fondamentale per costruire significato e positività nella tua vita. Inizia poco. Da Starbucks, apri la porta per la persona di fronte a te o chiedi a qualcuno come è stata la lorogiornata prima di raccontare loro la tua.

Aiutare gli altri ti darà un senso intrinseco del valore che si traduce in positività e, alla fine, gli individui potrebbero semplicemente amarti.

4. Allontanare i tuoi pensieri dalle energie negative

Potremmo essere il nostro miglior allenatore o il nostro peggior nemico. Lo shift inizia dall'interno. Modificare la formulazione dei suggerimenti se si desidera diventare più ottimisti. E un diluvio di auto-discorsi negativi è corrosivo per una vita positiva. Sonoil più duro con noi stessi.

Scrivilo la prossima volta che hai un pensiero negativo
e riformulalo con uno spin positivo. "Ad esempio,
cambia un pensiero come, "Non posso credere di aver
fatto così terribilmente sul test, succhio" a "Non ho fatto
bene come speravo in questo test, ma so di essere
capace, e next tempo farò meglio.
È potente modificare il nostro auto-discorso. Cerca di
intrufolarti ogni giorno in qualche meditazione per
assorbire energia negativa se questo è particolarmente
difficile per te. To essere analizzata e accettata, la
meditazione offre alla tua mente lo spazio per
identificare l'energia negativa e lasciarla stare con te.
Imparerai a identificare i pensieri negativi e userai iveri
wo rds per neutralizzarli.
Per imparare a sbarazzarsi dell'energia negativa,
meditare.
5. Circondatevi di individui positivi
Soprattutto, diventiamo come le persone di cui ci
circondiamo. Emuleremo quel behavioure diventeremo
come loro se il nostro gruppo di amici è pieno di
succhiatori di energia negativi e regine del dramma.
Quando gli individui che ci circondanonon sostengono
o dimostrano un comportamentopositivo, èmolto
difficile diventare piùpositivi.
Scoprirete che i vostri amici esistenti apprezzeranno il
nuovo voi man mano che diventerai più positivo,
oppure diventeranno resistenti ai tuoi cambiamenti
positivi. Questa è una risposta naturale.

Il cambiamento fa paura, ma un enorme passo per diventare più positivi è tagliare fuori le persone negative nella tua vita. Gli individui positivi riflettono le loro opinioni l'una sull'altra e le rimbalzano. Quando lo fai da solo, Positivity è un'operazione passo-passo, ma una comunità di amici di supporto può essere una scala mobile.

6. Trasformare l'energia negativa in azione positiva
Può essere travolgente e difficile per l'energia negativa e i pensieri navigare. La negatività è solitamente accompagnata da una reazione "freak-out", in particolare quando è legata a relazioni, individui e preoccupazioni future. Questo è debilitante per più preoccupazione, più stress e più freak-out che diventano positivi e di solito palle di neve. Devi trasformarlo in azione positiva se stai imparando come eliminare l'energia negativa.

La prossima volta che ti sentimale , e sei in una di queste situazioni, vattene e fai una pausa. Fai qualche respiro profondo con gli occhi chiusi. Una volta che sei calmo, con una penna e un pezzo di carta, avvicinati alla situazione o al problema. Per iniziare a risolvere il problema, scrivere quattroo cinque azioni o soluzioni. Passando al positivo orientato all'azione, togliersi dal negativo caricato emotivamente ti aiuterà a risolvere più problemi inmodo ionica e vivere in positività.

Se stai affrontando un problema con solo pochi momenti gratuiti che probabilmente non possono essere risolti, prendersi una pausa aiuta ancora. Esci di casa e fai una passeggiata o fai un breve allenamento. Troverai che aiuta a sgombro la testa in modo che il problema che stai affrontando possaessere risolto più chiaramente pensando.

7. Assumersi la piena responsabilità

Lei è responsabile delle sue proposte.

Le persone che presumono regolarmente che le cose accadano loro si ostacolano con la mentalità di un sopravvissuto. Questo è un modello di pensiero negativo che è sottile e fuorviante. "Gli indicatori di una mentalità da vittima sono frasi come "Devo lavorare" o "Non posso credere che mi abbia fatto questo. La nostra decisione di trasformare l'energia negativa in qualcosa di positivo è ostacolata solo dalla colpa delle circostanze e dalla colpa degli altri.

Uno dei passi più grandi nella creazione di una vita più positiva è assumersi la piena responsabilità della tua vita, pensieri e azioni. Ocreare la nostra realtà, cambiare le nostre vite e cambiare i nostri pensieri, abbiamo un potenziale illimitato dentro di noi. Scopriamo che nessuno può farci sentire o fare nulla quando iniziamo a interiorizzare questo. Scegliamo le nostre reazioni emotivee comportamentaliagli individui e alle condizioni.

Può essere difficile lasciarsi andare l'energia negativa. La società ci dice che abbiamo sempre più bisogno e che raramente dà il tempo di fare un passo indietro e ammirare ciò che abbiamo davanti. Tuttavia, fai spazio alla positività per penetrare nella tua vita fino a quando non impari a farlo.

Prova gli approcci di cui sopra e vedi quale funziona meglio per te. Se aiuta ad alleviare lo stress negativo, è una pratica a cui puoi aggrapparti, anche solo per pochi istanti.

Quando ci si sente pessimisti, come pensare pensieri positivi

Il pensiero positivo sulla tua vita porterà a molti cambiamenti positivi. Sia per la salute fisica che per la salute mentale, avereuna prospettiva positiva può essere salutare.

Ma spesso, nella vita, si verificano tali circostanze che rendono difficile mantenere una prospettiva positiva. Prendi iniziative per fare un pensiero costruttivo più simile alla tuasecondanatura e raccoglieràì maggiori vantaggi.

ECCO 10 MODI PER RENDERE FACILE PENSARE PENSIERI POSITIVI:

1. Trascorrere del tempo con individui produttivi
È probabile che la loro negatività ti sfrega se ti circondi di frequenti denuncianti.
Per aumentare la probabilità che anche i loro modelli di pensiero positivi diventino tuoi, trascorri del tempo con amici e familiari positivi. Quando tutti intorno a te sono così positivi, èdifficile essere pessimisti.
Scopri come circondarti di persone ottimiste.
2. Prenditi la responsabilità del tuo comportamento
Non svolgere il ruolo della vittima quando affronti sfide e difficoltà nella vita. Riconoscere la propria posizione nello scenario e assumere laresponsabilità delle azioni.
Accettare la responsabilità ti aiuterà a imparare dai fallimenti e impedirtidi accusare falsamente gli altri.
3. Contribuire alla Comunità
Concentrarsi su ciò che hai da offrire è uno dei modi migliori per sentirti positivo su ciò che hai.

Volontario per tornare alla comunità in qualche modo. Aiutare gli altri può fornirti una nuova visionedel mondo e aiutarti con un pensiero positivog.
4. Leggi materiali positivi e stimolanti
Trascorri del tempo a leggere qualcosa ogni giorno che facilita il pensiero positivo. Per aiutarti a riflettere su ciò che è importante per te nella vita, leggi le Scritture, la letteratura religiosa o le citazioni ispirazioni. Può essere un modo perfetto per iniziare la giornata e finirla.
5. Riconoscere e sostituire i pensieri negativi

Se i sentimenti negativi costanti ti affliggonosempre, non avrai successo nel pensiero positivo. Impara a capire e sostituisci concetti inutilmente negativi. A volte, pensieri contenenti termini come "sempre" e "mai" suggeriscono che non sono reali.

"Se pensi qualcosa del tipo, "Incasino ancora tutto", sostituiscilo con qualcosa di più realistico, come ad esempio, "A volte commette errori, ma imparo da loro. Non c'è bisogno che i tuoi sentimenti siano irrealisticamente ottimisti, ma rendili invece più razionali.

6. Stabilire e lavorare contro gli obiettivi

Quando hai obiettivi per cui stai lavorando, è più facile essere ottimisti su problemi e battute d'arresto. Quando affronti sfide lungo la strada, gli obiettivi ti daranno la forza di vincere quegli ostacoli. È più difficile prendere decisioni e valutare i tuoisuccessi senza obiettivispecifici.

Per aiutarti a raggiungereil progetto, impara a fissare obiettivi SMART.

7. Considera gli effetti della negatività

Trascorri un po 'di tempo a pensare agli effetti del pensiero avverso. A volte, può diventare una profezia di autoavverarsi.

Ad esempio, una persona chepensa "probabilmente non farò questo colloquio di lavoro", si metterà meno impegno nel colloquio. Di conseguenza, potrebbe ridurre le sue possibilità di ottenere il lavoro.

Costruisci un elenco di tutti i modi in cui la tua vita è influenzata dal pensiero negativo. Probabilmente influisce sulle tue azioni, sulle tue relazioni e sulle tue emozioni. Quindi crea un elenco di modi in cui può essere utile per il pensiero positivo.

8. Offri complimenti agli altri

Per lodare qualcuno, cerca i motivi. Sii sincero nei tuoi complimenti e apprezzamento, ma dailo spesso. In altre persone, questo ti aiuterà a cercare il positivo.

9. Costruisci un elenco di gratitudine quotidiana

Inizierai a capire quanto devi essere grato se inizi a mantenere un elenco di apprezzamento regolare. Invece di pensare a tutte le cose negative che sono sorte nel corso della giornata, questo ti aiuterà a riflettere sul bene nella tua vita.

Prendere l'abitudine di mostrare unatteggiamento di ppreciation rende più un'abitudine pensare positivamente. Ecco 40 semplici modi per esprimere gratitudine.

10. Pratica self-care

Prenditi cura di te stesso e sarai adattoper un pensiero positivo.

Riposati e fai esercizio fisico e gestisci bene lo stress con la pratica. Prendersi cura del proprio benessere mentale e fisico ti darà più motivazione a concentrarti su pensieri positivi.

Sei qualcun altro che si diverte a stare in giro perché sei consapevole delle emozioni, dei desiderie delle emozioni deglialtri.

Anche gli HSP sono incredibilmente fantasiosi. Molti artisti, musicisti e attori famosi sono individui estremamente sensibili che, con la loro creatività e comprensione di cosa significhi essere umani, hanno dotato il mondo.

Come puoi vedere, puoi raccogliere alcune ricompense piuttosto grandi se riesci a gestire gli aspetti negatividi una persona altamente sensibile.

Se tu o qualcuno che ami sei un sospetto HSP e vorresti discutere le opzioni di recupero per gestire quegli aspetti negativi, ti preghiamo di inviarmi un'e-mail. Mi piacerebbe parlare di come potrei essere in grado di aiutare.

CAPITOLO 7: ALLEVARE UN BAMBINO SENSIBILE

Nell'allevare bambini sani, la disciplina è un fattore essenziale. Tuttavia, non è insolito per i genitori di bambini sensibili lottare per disciplinarli correttamente, in particolare quando si sentono più intensamente di altri bambini.

La prima mossa è capire che essere reattivi non fa nulla di male. One dei bambini più gentili e premurosi che tu abbia mai incontrato potrebbe essere un bambino sensibile. Ma crescere un bambino sensibile può porre alcune sfide genitoriali, in particolare quando si tratta di disciplina.

COMPRENSIONE DEI BAMBINI SENSIBILI

I bambini emotivamente sensibili si sentono rapidamente frustrati. Spesso piangono,spesso si preoccupano di mente di sorgere nei guai e hanno bisogno di molte rassicurazioni. Sentono anche profondamente ogni emozione. Ciò significa che sono troppo eccitati, più arrabbiati espaventati che probabilmente avranno.

Non solo alcuni bambini sensibili sono emotivamente sensibili, ma sono anche sensibili a qualcosa di fisico che stimola anche i loro sensi. Possono essere gettati in un tailspin da suoni forti, luci brillanti o determinate trame. Possono temere grandi folle e lottare per fare pipìcon qualsiasi tipo di transizione.

I bambini reattivi spesso non sono disposti a provare cose nuove e faticano a far fronte alla rabbia. E quando altri bambini iniziano a riferirsi a loro come "il bambino che piange molto" o "il bambino che si arrabbia facilmente", le loro relazioni tra pari possono soffrire.

Sebbene una rigorosa disciplina possa aiutare alcuni bambini a migliorare la loro condotta, è probabile che pene severe causino problemi ai bambini più sensibili. Di conseguenza, trovare modi per coltivare e dirigere i bambini sensibili che potrebbero avere difficoltà ad avere successo in un ambiente meno sensibile è fondamentale. Le seguenti tecniche di disciplina ti aiuteranno a includere la disciplina richiesta dal tuo bambino sensibile.

1 Accettare la loro sensibilità

Non tentare di modificare la loro disposizione se tuo figlio è sensibile. Sottolinea i loro talenti e doni invece di vedere tuo figlio come "wimpy e piagnucoloso", riconosce come può essere molto difficile per un bambino sensibile fare qualcosache sarà facile per un altro bambino.

Invece di scoraggiare i bambini dal provare grandi sentimenti, concentrati sull'insegnare loro ad affrontare in modo socialmente appropriato le loro emozioni. Tieni presente che questa stessa sensibilità li porta anche ad essere incredibilmente compassionevoli e gentili con gli altri quando ti senti sconvolto e vuoi che tuo figlio sia meno sensibile.

2 Fornire tempi di inattività

Grandi folle, luci brillanti e condizioni rumorose
possono stimolare eccessivamente i bambini sensibili.
Quindi, evitare di smaprogrammare e eccessivamente
tuo figlio è fondamentale. Attività extracurricolari
limitate e fornire al tuo bambino sensibile molti tempi
diinattività a casa dove si sentono al sicuro e possono
rilassarsi.

Con attività tranquille come libri adanellocolo u, cuffie
con musica rilassante o libri da leggere, puoi anche
costruire un "angolo di pace" a casa. Incoraggia i
bambini sensibili quando si sentono ressedper usare
l'angolo della pace.

Per aiutare un bambino sensibile a ricaricare le batterie,
possono essere necessari un po 'di tempo di inattività.

3 Imposta limiti

Mentre piegare le regole per evitare di disturbare un
bambino sensibile può essere allettante, le eccezioni
persistenti non sarebbero utili a lungo termine. Non
trascurare azioni che punirebbero un altro bambino per
aver semplicemente mantenuto la pace.

Sebbene sia necessario essere versatili, la disciplina
aiuta a insegnare ai bambini come diventare adulti
responsabili. Non si occuperanno del mondo reale se la
disciplina è troppo rilassata.

Spesso privi il tuo bambino sensibile dell'opportunità
di imparare e crescere testimoniando le ripercussioni
delle loro azioni, che sono vitali per una crescita sana,
quando ti manca la disciplina. Quindi assicurati che tuo
figlio sia ancora punito per aver violato le regole. Nel
tuo approccio, cerca di essere più gentile.

Lodate gli sforzi di loro

I bambini reattivi hanno bisogno di molta motivazione. Lodate gli sforzi di vostro figlio, anche quando non hanno successo. Assicurati tuttavia che le tue lodi siano ricevute. I bambini che vengono premiati indipendentemente da ciò che hanno hanno anche una minore autostima rispetto a coloro che sono più elogiati a intermittenza.

Allo stesso modo, lodare tuo figlio per aver fatto qualcosa che ci si aspetterebbe da un altro bambino può dare loro l'idea opposta di ciò che vuoi, come se fossi sciocato che farebbero qualcosa regolarmente fatto da qualcuno della loro età. Il punto è applaudire le azioni di un bambino piuttosto che le conseguenze di tali sforzi.

Dire, "Mi piace il modo in cui hai continuato a sforzarti quando stavi lottando con la matematica", sarà un esempio di celebrare gli sforzi piuttosto che le prestazioni. Chiarire che il duro lavoro e l'impegno meritano di essere lodati, anche sealla fine nonsi è scoperto perfetto.

Quando tuo figlio dice i fatti, èestremamente importante elogiare.

Per uscire dai guai, i bambini sensibili sembrano mentire. Raising un bambino per essere onesti è importante, in particolare se essere honesnon li dipinge favourably.

Nota, anche i bambini sensibili sono molto premurosi e gentili. Loda i bambini reattivi mentre capiscono le emozioni degli altri. Ciò rafforza l'idea che sia necessario essere gentili con gli altri e li incoraggia a continuare a prendersi cura degli altri.

Fornire ricompense

"I bambini sensibili a volte si sentono male se "si vengono nei guai". Può farlo girare in una ricompensa semplicemente cambiando il modo in cui dici le cose. Invece di dire: "Non puoi goderti il dessert finché non mangi tutta la cena", d'te, "Puoi vincere dessert se mangi tutta la cena!

Incoraggia inoltre i bambini a celebrare i risultati e a migliorare le loro azioni con un sistema di incentivi strutturato. Basta notare che se i bambini sensibili spesso non guadagnano una ricompensa, possono sentirsi molto male.

Dai promemoria incoraggianti come "Domani puoi riprovare". Se vivi con un bambino sensibile, prenditi del tempo per pensare a modi alternativi per esprimere ciò che stai facendo in modo che le cose non peggiorino.

6 Insegnare a sentire le parole

I bambini reattivi devono imparare a verbalizzare le loro emozioni e imparare modi appropriati per affrontare quelle emozioni. Per insegnare a tuo figlio come riconoscere e far fronte a emozioni scomode in modi socialmenteappropriati, usa il coaching delle emozioni.

I bambini sensibili mostrano anche ai genitori come le loro azioni li fanno sentire. Insegna ai bambini come le parole descriveranno le loro emozioni. Li aiuterà a connettersi meglio con te ottenendo un nome per identificarsi con come si sentono mentre ti aiutano a capire meglio cosa provano.

7 Insegnare la risoluzione dei problemi

I bambini sensibili spesso si sentono sopraffatti dalle circostanze e possono essere lasciati senza sapere come reagire. Hanno bisogno di sapere come sviluppare strategie che possano alleviare il loro stress e ansia in queste situazioni. Quindi, insegnare loro come impegnarsi in problemi, quindil'apprendimento è importante per i genitori.

Nella vita quotidiana di un bambino sensibile, avere capacità di risoluzione dei problemi farà un'enorme differenza. Insegna ai tuoi figli una guida passo-passo per la gestione deiproblemi e possono acquisire fiducia nelle loro capacità per far fronte a circostanze difficili.

Utilizzo delle conseguenze logiche

Proprio come qualsiasi altro bambino, i bambini sensibili hanno bisogno di conseguenze. Solo perché un bambino piange o si sente male non significa che altri effetti possano essere prevenuti. Assicurati che quando tuo figlio viola la legge, hai delle conseguenze. L'uso di implicazioni logiche può aiutare tuo figlio aguadagnare importanti lezionidi l ife.

Le conseguenze, piuttosto che la punizione, dovrebbero concentrarsi sulla disciplina. Inoltre, assicurati di essere gentile nel distribuire le implicazioni. Perché abbiano il messaggio, non devi usare una voce forte con il tuo bambino sensibile.

Può essere difficile sapere come disciplinare meglio un ragazzo altamente sensibile. Infatti, nel tentativo di ridurre al minimo il dolore e i behaviours del loro bambino legati aquel dolore, alcuni genitori possono resistere alla disciplina.

Ma, aiutando i nostri figli ad affrontare il mondo esterno da adulti un giorno, sappiamo che la disciplina è necessaria e critica. Le tecniche di cui sopra aiutano i bambini a raggiungere i vantaggi di una disciplina ponderata evitando parte dell'angoscia emotivanell'affitto in un bambino molto sensibile.

CINQUE CARATTERISTICHE DEI BAMBINI ESTREMAMENTE SENSIBILI

L'elevata sensibilità è stata osservata nei bambini e negli adulti per oltre 60 anni (sensibilità sensoriale-di elaborazione). Non è un disturbo; è semplicemente una forma di disposizione, che è condivisa dal 20% della popolazione, che si verifica tramaschi e femmine allo stesso modo.

Il libro secolare The Highly Sensitive Boy, della psicologa Elaine Aron, è stato a lungo una guida di base per i genitori. In particolare, come afferma Aron, cinque caratteristiche sono cruciali per capire perché questi bambini sono così come sono:

Prendono più dati sensoriali rispetto alla maggior parte dei bambini dall'ambiente circostante. Negli schizzi e nell'architettura che altri bambini trascurano, i bambini altamente sensibili sentono suoni deboli, percepiscano odori sottili e ricordano le informazioni. Possono trovare alcuni articoli troppo gustosi, o potrebbero nonessere in grado di indossare determinati tessuti.

Più a fondo, elaborano i dettagli. La loro immaginazione e intuizione nasce daquesta ricca vita interiore profondamente riflessiva.

Con alcuni, hanno una forte empatia. I sentimenti di coloro che li circondano sono presi in considerazione da giovani altamente sensibili, expressing i loro alti e bassi.

Si stimolano troppo in fretta. I bambini sensibili si stancano più facilmente rispetto ad altri bambini e richiedono più riposo o tempi di inattività.

Sono inclini a capricci improvvisi e crolli, spesso precipitati da sovraccarico o sovraccarico emotivo di conoscenza. Per i bambini sensibili, le circostanze destinate a essere una delizia per un parco giochi al coperto per bambini, una festa di compleanno o una giornata atema possono facilmente diventare un calvario.

Insieme, i bambini con alta sensibilità sentono di più, meditano di piùe sperimentano di più. E stanno raggiungendo i loro limiti più rapidamente.

Come hanno potuto non essere disturbati", dice Aron, "quando in ogni situazione si sentono così tanto? Ma le loro reazioni e soluzioni spesso sembrano strane per gli altri, dato che gli HSC sono in minoranza.

LE TRE C DI BAMBINI AD ALTA SENSIBILITÀ

I bambini altamente sensibili tendono a distinguersi dal gruppo anche quando sono calmi e felici, se non altro perché non partecipano. Guardano l'azione da bordo campo e sono riluttanti a parlare ed evitare la pressione sportiva di squadra in classe.

Tutto nel suo insieme, questi bambini sono tutt'altro che esperti di nuove esperienze: la prevedibilità è ciò che gli piace. E poi si preoccupano dei pigiama party, delle vacanze lontano da casa, dell'inizio di un nuovo anno scolastico, delle gite scolastiche e delle celebrazioni natalizie in anticipo, che possono causare mal di testa, mal di stomaco, incubi o problemi a mangiare o dormire.

Non sorprende quindi che "timidi", "ansiosi" o "lenti ad adattarsi al cambiamento" sianospesso guidatida bambiniestremamente sensibili. Ma queste etichette non rappresentano che il cappellosta succedendoall'interno allo stesso modo.

È più facile descrivere i bambini altamente sensibili come aventi un buon senso di cautela e conseguenze ed essere altamente attentivi.

1. Un forte senso di cautela

"Uno dei modelli teorici per la causa della sensibilità ", afferma Aron, "èche esiste un potentissimo "meccanismo di inibizione behaviorale" per gli individui sensibili. Mi piace nominare il "sistema di pausa per controllare" questo sistema nel cervello perché è quello che fa. Ha lo scopo di esaminare la situazione in cui ti trova e vedere se è paragonabile a qualsiasi situazionepassata memorizzata nella tua memoria.

Di fronte a una nuova esperienza, Aron dice, "[a] HSC vuole dare un'occhiata, e se costretto a procedere, può protestare, non goderlo orifiutare copletely questo "piacere".

Sa' anche che ogni nuova esperienza significa un afflusso intimidatorio di sensazioni sensoriali sconosciute. La maggior parte degli HSC tende ad essere una cattiva adattatore", afferma Aron, "ma viene chiesto loro di adattarsi troppo. Tutti i nuovi stimoli che devono essere elaborati prima di potersi rilassare sono sopraffatti o hanno paura di essere sopraffatti.

2. Una profonda consapevolezza delle potenziali conseguenze

Un bambino altamente reattivo può ben prevedere il pieno effetto dei risultati futuri grazie alle sue capacità di pensiero maturo e di solito vuole ridurre al minimo il rischio. Notizie di incendi ed es-in li faranno pensare alle misure di sicurezza nelle loro case. "Vivere coraggiosamente con piena conoscenza delle possibilità negative nella vita è una delle sfide più difficili per una persona sensibile", afferma Aron. Questi non possono esseredeniti dagli HSC il più possibile.

3. Conoscenza che li inciampa

Quasi per un difetto, i bambini estremamente sensibili sono attenti. Cercano di "fare la cosa giusta" e rendono più difficile di chiunque altro fare scivolamentipersonali -altied errori. Essere così 'consapevoli dell'errore' li rende consapevoli di sé. È difficile per loro in pubblico scrollarsi di mente la vergogna per aver "messo un piede sbagliato". Non pensano che dimostri solo che sono umano; non pensano che dimostri solo che sono insufficiente. Possono essere caricati di vera paura da discorsi pubblici, recital musicali, api ortografiche, compiti importanti ed esami scritti; tanto che possono eseguire b elowil loro vero livello di abilità.

CAPITOLO 8: ELEMENTI ESSENZIALI PER LA GENITORIALITÀ DI BAMBINI ALTAMENTE SENSIBILI

A differenza di fratelli e coetanei più estroversi, i bambini altamente sensibili rischiano di interiorizzare un senso permanente e altamente dannoso di vergogna, un senso che in qualche modo sono "carenti". Per evitare che questo ingiustificato senso di colpa si imposizione, i genitori e altri adulti influenti nellaloro vita hanno bisogno di fare tutto il possibile.

I seguenti punti sono probabilmente solo promemoria per te se hai un bambino altamente sensibile. Tuttavia, anche per coloro che sono importanti pertuo figlio, possono essere benefici.

Valorise tuo figlio

Comprendere il mondo di un bambino altamente sensibile può essere diverso dal tuo, ma è vero. Oottenere attenzione o sfruttarti, lui o lei non sta 'fingendo' capricci o rabbia. Tuo figlio non si adatterà (se non sei estremamente sensibile a te stesso) per "essere come te" e prima accetterai con gratitudine il bambino che hai, più felice sarai entrambi. "Identificare tutte le cose che ti piacciono di un temperamento altamente sensibile è una parte fondamentale dell'accettazione di tuo figlio", afferma Aron.

Convalidare tuo figlio

Alla fine, tutti i bambini altamente sensibili si rendono conto che sono diversi dagli altri bambini. Tuo figlio deve rendersi conto che li rispetti e che non sono strani. Ricorda loro che un saccodi individui sono comeloro. Hanno bisogno che tu combatta i loro dubbi su se stessi con una visione più equilibrata mentre affrontano le loro carenze o carenze. È importante portare una performance per bilanciare una perdita per il cablaggio del cervello di tuo figlio per l'autostima", afferma Aron. Riconosci la loro delusione per aver perso il testimone della staffetta, ma ricorda loro che la scorsa settimana sono stati il corridore di spareggio della loro squadra. Oppure ricorda loro le loro abilità insolite in un'altra regione se lo sport è una debolezza.

Proteggi tuo figlio

Il tuo bambino altamente sensibile dovrà fare passi più piccoli rispetto ad altri bambini, con un sacco di supporto da parte tua, per creare fiducia in una nuova situazione. Poiché gran parte della fiducia di tuo figlio è focalizzata sull'aver avuto esperienze altamente positive simili in passato, è incredibilmente importante non spingere tuo figlio ad andare oltre ciò con cui si sentono a proprio agio. Si torcerà male contro questo bambino per aiutarlo a "superare la loro paura". Naturalmente, non permettere a nessuno di fare pressione su tuo figlio per fare qualcosa che he o lei non è disposta afare.

Accettare che la pace significa un ritmo più lento

I bambini altamente sensibili si affidano alla prevedibilità e alla routine e, nel loroprogramma, richiedono tempi di inattività molto maggiori rispetto ai bambini "normali". Un "ritiro" calmo e riposante può integrare qualsiasi esperienza intensa, permettendo loro di riorganizzarsi emotivamente. Fermati a casa dopo una commissione con un giovane e fai il tempo della storia o del bagno. Per un po 'dopo la scuola, un bambino elementare potrebbe aver bisogno di leggere nella loro stanza.

Pianifica "ritiri istantanei" nel mezzo di incontri che non possono essere interrotti per evitare travolgenti. Ad esempio, un iPod con musica rilassante nel mezzo di un cinema fornirà un rifugio rilassante per un giovane. Consenti ai bambini più grandi durante una cena di ritirarsi nella loro stanza.

Coltiva la pazienza

Un breve viaggio nella navata giocattolo per scegliere una sorpresa può richiedere molto tempo con un bambino altamente sensibile. Questi bambini vogliono pensare alle scelte e pesare attentamente tutte le loro opzioni. Devi stare attento a come lo esimi, considerando la tua frustrazione in casi come questo. Quando è necessaria una correzione, nota che anche una discussione severa con questi bambini può essere paralizzante. In generale, sono duri autocrittori, pronti a denunciarsi quando fanno casino come "cattivi" o "inutili". È una buona idea, dice Aron, porre fine alla disciplina con una nota che tutti commettono errori. Puoi anche sentirti irritato dal fatto che tutte le cose che tuo figlio non limiterà o non limiterà la tua vita. E ti preoccuperai che anche la vita di tuo figlio sia limitata. Non pensare a tutte le "cose divertenti" che tuo figlio sembra perdere, consiglia Aron. Non c'è motivo per tuo figlio di vivere la stessa vita che hai fatto tu. Ha le loro opinioni su cosa sia "divertente". Rimani ottimista, sii orgoglioso di tuo figlio e aspettati un futuro meraviglioso (che è davvero a portata di mano) per loro, e puoi anche aiutare tuo figlio a rimanere positivo.

VANTAGGI E SVANTAGGI CHE POTREBBERO ESSERE ASSOCIATI AD UN'ELEVATA SENSIBILITÀ

Numerosi studi hanno dimostrato che l'elevata sensibilità non è una malattia, ma può essere associata a numerose difficoltà in circostanzeavverse esfavorevoli. La psicopatologia può essere correlata al più alto livello di espressione di un tratto. La ricerca svolta ha riguardato il rapporto tra l'SPS e (vengono presentati problemi selezionati): problemi di internalizzazione, ansia, elevati livelli di stress, sintomi fisici di cattiva salute (con malattie somatiche), depressione, depressione (a.o. Bakker, Molding 2012; Benham 2006; Boterberg, Warreyn 2016; Liss, Mailloux, Erchull 2008; Yano, Oishi 2018). Va anche notato che le conseguenze dell'interazione con particolari problemi e disturbi con la funzione SPS stessa sono prese in considerazione solo in alcuni di questi studi. La funzione di interazione è stata verificata in studi in cui è stata regolata la direzione delle interazioni(Greven et al. 2019).

I bambini altamente sensibili sono caratterizzati nel loro comportamento come reattivi, facilmente inclini allo stress, timidi, inibiti. I bambini altamente sensibili, tuttavia, si esibiscono meglio dei loro coetanei in unambiente favorevole:ricevono voti scolastici migliori, hanno atteggiamenti morali più positivi, livelli più elevati di competenza sociale, livelli più elevati di autoregolamentazione e un maggiore senso disicurezza a causa del sentimento di amore per le loro famiglie (Aron 2002; Belsky Pluess2013).

Gli studi di sensibilità ecologica spesso illustrano il significato dell'SPS nella comprensione della malattia, della propensione a incontrare difficoltà o della possibilità di disfunzioni successive e nella comprensione della produzione ottimale o addirittura dell'eccezionale sviluppo della capacità in un contesto favorevole. Non solo l'alta sensibilità coesiste con la capacità di incontrare difficoltà (non è solo un fattore di rischio per i problemi mentali). La selettività per il trattamento dell'alta sensibilità come fattore di rischio è stata evidenziata da Jay Belsky e Michael Pluess (2009). Hanno scritto della differenza nel grado di un effetto ambientale e l'attributo, generalmente indicato come adattamento, essendo un bene. Eranoinclini a visualizzarlo in termini di resilienza. Michael Pluess ha contrastato le risposte di individui e individui altamente sensibili che non sono altamente sensibili e ha concluso che gli individui psicologicamente resilienti (meno sensibili) sono influenzati in misura minore da eventi cattivi o buoni (Aron 2002).

La ricerca suggerisce chel'SPS è anche associato a:
- Aspetti positivi del funzionamento, come la capacità di innescare l'umore positivo, compresi l'aumento degli effetti positivi dopo l'induzione positiva dell'umore (Lionetti et al.: 2018),
- Maggiori capacità sociali nella conversazione e forme costruttive di genitorialità (Slagt et al.2017),
- Riduzione del tasso didepressione, aggressività e vittimizzazione come conseguenza di un'azione costruttiva (Pluess, Boniwell 2015),
- In risposta a stimoli positivi, come il volto sorridente di un partner o sentimenti generalmente positivi,

l'aumentodell'attivazionenei principali centesimi di ricompensa delcervello (Acevedo et al. 2014),

- Tasso di immaginazione più basso (Bridges, Schendan2018),
- Crescita dei talenti (Gere, Capps, Mitchell, Grubbs2009; 2017: Triglia, Rinn, Jett, Nyikos).
- Ambiente di sviluppo per bambini
- Particolarmente significativo è l'ambiente in cui si sviluppano bambini altamente sensibili.

Particolare attenzione dovrebbe essere prestata al ruolo dell'ambiente familiare e dell'ambiente scolastico nello standard del funzionamento dei bambini altamente sensibili. Il verificarsi del contatto è dimostrato dalla ricerca sulla coerenza dell'ambiente educativo e sulla sensibilità. Lo studio (Aron, Aron 1997) rivela che nel campo dell'emotività negativa e dell'introversione sociale, gli adulti altamente reattivi che hanno un ricordo infantile infelice hanno ottenuto un punteggio più alto. Allostesso tempo, nell'intensità di quei tratti, adulti altamente sensibili che hanno avuto un'infanzia felice non variavano dalla popolazione di persone non altamente sensibili.

La ricerca di Boyce e colleghi eseguita con bambini altamente reattivi mostra che i bambini HS hanno maggiori probabilità di ammalarsi e sperimentare più incidenti in un ambiente domestico e scolastico stressante. Tuttavia, soffrono di incidenti meno frequentemente rispetto ai loro coetanei in un ambiente relativamente, meno stressante. Ha descritto questi bambini come orchidee e denti di leone per bambini che non erano molto sensibili (Ellis, Boyce 2008).

Le successive ricerche relative alla preparazione di programmi di servizio per bambini altamente reattiviriguardano il loro divertimento nel clima scolastico.

Teresa C. Tillmann (2016) sottolinea che la sensibilità sensoriale all'elaborazione (SPS) svolge un ruolo importante nel contesto educativo come caratteristica temperamentale correlata a un'elaborazione più profonda delle informazioni sensoriali e delle risposte comportamentali agli stimoli ambientali nuove circostanze. Pertanto, con 456 studenti dai voti 7 ai 9 di due diverse scuole tedesche, ha condotto ricerche. Gli studenti hanno risposto alle domande sulla nuova versione della scala HSP tedesca. Il questionario utilizzato è stato arricchito con variabili aggiuntive: valori soggettivi scolastici o auto-efficienza legata alla scuola. I risultati del research hanno portato alla luce, tra gli altri risultati, il rapporto negativo tra SPS ed efficienza relativa ai punteggi scolastici o studentesi. Nonostante alcuni importanti commenti sui problemi metodologici, i risultati attuali arricchiscono notevolmente l'attuale letteratura sull'SPS nel contesto della scuola e hanno importanti implicazioni, soprattutto nel dibattito in corso, sulla necessità di un'istruzione basata sulle esigenze dei singoli studenti (Tillmann 2016; Tillmann, Matany, &Duttweiler 2018). Achermann (2013, a Tillman 2016) ha esaminato come gli adulti altamente reattivi visualizzano l'orario scolastico. Ha analizzato gli elementi chiave del processo di insegnamento, verificando ciò che è stato utile per raggiungere il successo scolastico a posteriori. I risultati sono stati paragonabili a quelli ottenuti da Aron (2002). I risultati dell'analisi suggeriscono che:

A causa della più profonda elaborazione dei contenuti, la maggior partedegli HSP non incontra problemi scolastici e voti bassi.

Molte persone molto reattive sono perfezioniste e richiedono molto l'una dall'altra.

Un ambiente di lavoro tranquillo era necessario per una corretta concentrazione e lavoro; HSC preferisce insegnare in direzioni individuali dirette, a loro non piace apparire di fronte a un gruppo, tuttavia ,se l'istruttore utilizza e preferisce il lavoro di gruppo, HSP preferisce lavorare con gli amici piuttosto che con persone che non hanno familiarità con loro.

L'ambiente fisico e i suoi aspetti, come una stanza colourful, troppa luceo caratteristiche simili, svolgono spesso un ruolo importante

L'istruttore può interpretare il comportamento dei bambini HSP derivante dalla sovrastimolazione come bassa motivazione o deficit di attenzione.

Circostanze fresche e non identificate fanno sentire l'HSC insicuro.

Preferiscono lezioni ripetitive e organizzate, regole e rituali; Le persone HSP diventano tese, piene di ansia in condizioni incerte, senza ordine, ed è difficile per loro mantenere il loro equilibrio.

Dopo l'allenamento, sono sempre stanchi.

Vita sociale scolastica: sono necessarie strette relazioni per l'HSP, ma si preferisce una piccola cerchia di amici; gruppi più ampi e ampi spazi (come un parco giochi scolastico) sono visti negativamente.

Conflittih urt HSC, che possono portare a difficoltà a mantenere la loro concentrazione durante le lezioni, e anche più tardi quando sono già a casa.

IMPLICAZIONI PER L'ISTRUZIONE E LA GENITORIALITÀ

Dal punto di vista della ricerca presentata e dei documenticoncettuali, si può concludere che l'alta sensibilità rappresenta un'enorme opportunità per i bambini. In condizioni di sostegno funzionerà a vantaggio del bambino; si rivolgerà invece al bambino e in condizioni avverseal funzionamento del bambino. Un sistema nervoso altamente sensibile e reattivo può, in condizioni vantaggiose, promuovere la creatività, l'intuizione e il pensiero non convenzionale. In circostanze avverse, può sovraccaricarsi e portare a comportamenti disorganizzati, diminuendo la produttivitàdel bambino e lostancando dell'autostima. La creazione delle condizioni necessarie per la crescita di un bambino altamente sensibile richiede che genitori e insegnanti considerino i bisogni del bambino e consentano loro di prosperare in quattro aree principali: lo sviluppo dell'autostima, la riduzione del senso di colpa, la disciplina e l'abile riconoscimento della sua sensibilità(Aron 2002) (Aron 2002).

L'autostima deibambini altamente reattivi è in genere ridotta inconsciamente. La suscettibilità alla critica e una dura critica di se stessi sono due fattori che influenzano la bassa autostima. Una previsione caratteristica di scenari pessimistici li fa apparire simili alle persone che soffrono di depressione (Taylor, Brown 1988) (Taylor, Brown 1988). I compiti chiave sia per i genitori che per gli insegnanti a questo proposito devono essere incentriti sull'aiutare il bambino ad aumentare la sua autostima attraverso il riconoscimento e l'incoraggiamento dato anche ai successi e alle iniziative più insignificanti (dal punto di vista del genitore o dell'insegnante), l'uso di un'attenta scelta di parole quando si fornisce feedback e un punto focale dei punti di forza del bambino.

I bambini altamente sensibili hanno una particolare tendenza a provare rimorso e sentirsi in colpa. A tal fine, è importante evitare circostanze, che possono dare luogo alla crescita della colpa e dell'auto-colpa. I bambini altamente emotivi si incolpano di circostanze difficili più frequentemente dei loro coetanei. Altre circostanze causano vergogna. Sia il genitore che l'insegnante devono fare ogni sforzo possibile per non portare il bambino in circostanze, facendoli provare vergogna o sono visti dal bambino come causati da lei o da lui.

La ricerca ha confermato che, in modo normale, i bambini altamente sensibili interiorizzano un codice morale. Essi trovano più difficile riconoscere le circostanze in cui partecipano a un comportamento(adesempio rompendo un giocattolo) e ritengono di nonsoddisfare altre persone (Kochanska, Thompson 1998). Per questo motivo, genitori e insegnanti devono usare la loro creatività in modi inventivi per prevenire scenari disciplinari o rimproveri che il bambino può considerare troppo duri e potrebbero non avere l'impatto desiderato a sua volta. I bambini altamente reattivi sono molto più veloci da cedere al disagio e perdono la pazienza, e hanno difficoltà a seguire genitori o insegnanti quando ciò accade. Evitare tali Stati non è un segno di cedere ai capricci del bambino,ma un modo per soddisfarele sue esigenze(Aron 2002).

Una discussione appropriata per l'età sull'alta sensibilità è la quarta dimensione principale di un bambino altamente sensibile. Comprendere la loro sensibilità non solo favorisce la creazione di un'alta autostima da parte del bambino, ma consente anche di stabilire dei limiti. Parlare dell'argomento incoraggerebbe il bambino, senza paura del rifiuto, a stabilire relazioni appaganti, piena conoscenza del diritto di non svolgere tali attività o di impegnarsi in quelle circostanze che li fanno sentire a disagio. I bambini cercano di acquisire una certa conoscenza dei possibili confini e delle possibilità per il loro impatto nel processo di collisione con barriere-confini che si verificano nella vita dei bambini sotto forma di norme e leggi. I bambini alzano il loro livello di "I" dopo aver superato un ostacolo, convertendo l'energia negativa nel loro potenziale positivo (Nikolskaya 2008).

In sintesi, va detto che i tipi più appropriati di sostegno per insegnanti ed educatori nel prepararli al lavoro con bambini altamente sensibili sono:

Fornire loro informazioni ad alta sensibilità per capire quanto i bambini altamente sensibili differiscono dagli altri bambini e dalle loro esigenze.

Stili e approcci specifici per trattare con bambini altamente reattivi per fornire loro risorse (familiarizzandoli, tra gli altri, con elementi di intervento e autoregolamentazione basati sul temperamento, educazione somatica, consapevolezza)

Fornire accesso a medici e professionisti che assistono i bambini HSC, incoraggiando così i bambini altamente sensibili a ottenere un apprendimento condiviso e un supporto completo.

CAPITOLO 9: COME AFFRONTARE IL SOVRACCARICO EMOTIVO

Capire cos'è l'emozione
Una "reazione suscitata" è un'emozione come l'amore, l'odio, la paura, la rabbia o il dolore. Quando una persona vede qualcosa di buono o cattivo, si eccita un'emozione. Tuttavia, un'emozione non ha sempre una causa esterna; può anche essere prodotta internamente, cioè dai pensieri di un individuo. Siamo la radice di tutti i nostri sentimenti. Sentirsi bene è, quindi, un giudizio!
Tutti abbiamo sentimenti, e coloro che non mascherano i nostri sentimenti sono indicati come mentali. Credo che senza sentirci nati e che impariamo i nostri sentimenti nello stesso modo in cui impariamo a leggere e scrivere. I nostri genitori ci insegnano anche come rispondereemotivamente a queste situazioni.
Due tipi di emozioni
Esistono solo due tipi di sentimenti emozioni negative ed emozioni positive. Le emozioni negative ci fanno sentire tristi o insoddisfatti, comefrustrazione, paura e disperazione. Le emozioni positive sono suscitate da qualcosa che ci attrae, come passione,gioia e speranza.

Le emozioni hanno vari gradi di controllo. Potremmo chiamare, per esempio, una persona molto felice felicissima. Sfortunatamente, solo se impariamo ad affrontare i nostri sentimenti negativi è possibile la felicità.

Le emozioni possono essere di grande beneficio. Ad esempio, la ghiandola surrenale svuota un ormone chiamato adrenalina nel flusso sanguigno nella paura, aumentando la frequenza cardiaca e aumentando la pressione sanguigna. Una grande quantità di sangue viaggia dai nostri organi digestivi ai tessuti del cervello e dello scheletro. Il tasso di respirazione aumenta quando grandi quantità di zucchero vengono scaricate nel flusso sanguigno. Queste misure di emergenza forniscono all'organismo ulteriore energia per affrontare la crisi in questione.

Mentre l'adrenalina ormonale fa impallidireil viso e quando sentiamo ansia, la bocca si asciugherà, l'ormone chiamato noradrenalina fa sì che il nostro viso si arroghi quando siamo sconvolti.

Sovraccarico emotivo

I danni ai tessuti si verificheranno se i cambiamenti nel nostro corpo persistono per un periodo prolungato. La preoccupazione e l'ansia costanti, ad esempio, possono causare ulcere allo stomaco. Sentimenti forti possono rendere difficile pensare, concentrarsie risolvere i problemi. La preoccupazione consuma risorse mentali vitali necessarieper il funzionamentocreativo.

Il sovraccarico emotivo si verifica quando i sentimenti recisi, spesso da pianto incontrollabile, diventano troppo grandi per essere gestiti e devono essere pubblicati. Questo spiega perché una persona con sovraccarico emotivo piangeràf o nessuna ragione apparente a volte.

Il ciclo paura-adrenalina

Mentre il burnout colpiva con la forza della tempesta, ho assistito al ciclo paura-adrenalina in modo spaventoso. L'adrenalina si precipitò attraverso il mio flusso sanguigno mentre sentivo le ondate di ansia rotolare attraverso di me,scatenando , ancora di più, paura e ansia, forse perché non ero sicuro di cosa stava succedendo esattamente. Alla fine, ho imparato a rilassarmi; Cominciai ad essere grato che Dio fosse responsabile del Suo intero mondo, invece di cercare di combattere quei sentimenti orribili. La pace inizierà a inondare tutto il mio essere mentre la mia mente è stata messa a riposo a causa della mia fiducia in Dio.

Identifica le tue emozioni

Tutti sperimentiamo sentimenti negativi a volte nella nostra vita, come depressione o preoccupazione o rabbia o dolore o vergogna o risentimento, o solitudine, per citane alcuni. Identificare ciò che sentiamo dentro è il primo passo per ottenere il controllo delle nostre emozioni. In secondo luogo, dobbiamo abbracciare il fatto che siamo guidati all'azione dalle nostre emozioni. In terzo luogo, dobbiamo capire che possiamo cambiare rotta e agire.

COSA COMPORTA UN SOVRACCARICO EMOTIVO?

Inizialmente ti sposta in uno stato emotivo negativo. Questo stato varia da individuo a individuo. Alcune persone iniziano a sentirsisopraffatte; alcuni si sentono nervosi; alcuni si sentono spaventati. Quale dei sentimenti negativi che sentono differirà persona per persona a causa del sovraccarico.

In genere, le persone identificheranno il momento in cui qualcosa ètroppo per loro e sanno che stanno sottoperformando. Da oltre 100 anni si instaura questo rapporto tra pressione e successo. Fu descritto per la prima volta da alcuni psicologi di nome Robert Yerkes e John Dodson. In molti casi, questa relazione tra pressione ed efficienza è stata vista ripetutamente, ed è valida per esseri umani, topi, macchine, piattaforme petrolifere ... Troppa pressione in un sistema e si inizia a ostacolare le prestazioni e alla fine distruggere il sistema.

COME AFFRONTARE IL SOVRACCARICO EMOTIVO

1. Impara a individuarlo

La prima mossa è sapere se sei in discesa o in alto. La mancanza di consapevolezza di sé è un indicatore dell'essere in discesa, quindihai anche bisogno di individui persegnalarlo intorno a te.

Una volta che sei consapevole della relazione tra pressione e prestazioni, puoi costantemente monitorarla. Devi sapere dove il tuo punto di equilibrio è tenerti al sicuro. Produrrai maggiori livelli di successo se sei sul lato sicuro della curva.

2. Respiro

Prendi il controllo della respirazione. È una cosa molto concreta che si può fare. "Si può imparare a controllare il respiro in 12 dimensioni, e la maggior parte delle persone è confusa su quale sia la più importante, motivo per cui la gente erroneamente dice "fai qualche respiro profondo. Non preoccuparti diquesto; non funzionerà. La respirazione ritmica è ciò che migliora. Ciò significa un rapporto fisso, quindi quattro secondi dopo, sei fuori, e così via, da in a fuori. Se respiriritmicamente, la biologia ti stabilizzerà. L'acronimo è breathe.   Respira in modo uniforme e attraverso il cuore ritmicamente ogni giorno. Il rapporto fisso da in out è ritmicamente implicito. Un volume impostato al secondo significa senza intoppi, uniformemente. E il centro del petto dovrebbe essere la tua attenzione, non la tua pancia.

Inizialmente ti sposta in uno stato emotivo negativo. Questo stato varia da individuo a individuo. Alcune persone iniziano a sentirsisopraffatte; alcuni si sentono nervosi; alcuni si sentono spaventati. Quale dei sentimenti negativi che sentono differirà persona per persona a causa del sovraccarico.

In genere, le persone identificheranno il momento in cui qualcosa ètroppo per loro e sanno che stanno sottoperformando. Da oltre 100 anni si instaura questo rapporto tra pressione e successo. Fu descritto per la prima volta da alcuni psicologi di nome Robert Yerkes e John Dodson. In molti casi, questa relazione tra pressione ed efficienza è stata vista ripetutamente, ed è valida per esseri umani, topi, macchine, piattaforme petrolifere ... Troppa pressione in un sistema e si inizia a ostacolare le prestazioni e alla fine distruggere il sistema.

Può aiutare a rendersi conto che un capriccio di temperamento è diverso dalla disposizione generale di un bambino. Il temperamento determina la loro disposizione generale e può influire sul modo in cui una situazione viene comportata o affrontata. Alcune variabili da considerare nel temperamento includono il loro livello di attività, regolazione, intervallo di attenzione o umore. Per capirli meglio, puoi contrassegnare tuo figlio come tranquillo, difficile o alla mano. In questo modo ti aiuterà anche a mettere tuo figlio in un corso che si adatta ai loroclienti o alle sue esigenze in modo più efficace.

Vieni a temperare i capricci. Generalmente, si verificano nei bambini di età compresa tra 1 e 3 anni. Piangendo, calciando, urlando e colpendo, vengono trasportati. Queste esplosioni si attenueranno man mano che le abilità linguistiche di tuo figlio crescono. Vivono in un mondo centrico dove si tratta solo di loro. Senza conoscere i loro confini, possono persino chiedere di fare qualcosa da soli. Quando le cose non andranno per la loro strada, ne deriverà il caos. Fa parte della crescita emotiva di un bambino. Come mamma, la parte più difficile è imparare a gestire la tempesta.
Elementi costitutivi emotivi
La crescita cognitiva di un bambino inizia nell'infanzia. Piangendo, i bambini comunicano perché non sanno parlare. Impari abbastanza facilmentet o have diversi significati per tali grida o suoni, come fame, cambiamenti di pannolino o dolore. Per segnalare questi segnali, impareranno anche a usare le espressioni facciali e il linguaggio del corpo. Le emozioni sono come blocchi di costruzione. Quando tuo figlio cresce, si renderà conto dei in e dei fuori di interagire con loro. Ci vogliono anni prima che arrivi lamaturità emotiva, ma alla fine, lo farà.
Ogni fase della crescita di un bambino porterà nuove sfide e ricompense. Se il loro comportamentoèlegato al mondo in cui si trovano o a un bisogno emotivo insoddisfatto, può essere difficile decidere. Li vedrai entrare in un regno di fantasia e make-believe dopo tre anni. Durante questo periodo, li aiuterà a esplorare ancora più emozioni. Sentiranno la maggior parte dei sentimenti che gli adulti provano all'età di 5 anni, ma saranno comeloro in modo molto diverso.

COME GESTIRE EMOZIONI IMPEGNATIVE

Ogni bambino ha varie esigenze e modi di far fronte, ma ci sono modi generali per affrontare le situazioni in cui si verificano. Essi comprendono:

Lode buon behaviour.

Deviare la loro attenzione verso un positivo da una situazione problematica. Sostituisci o portali in un'altra stanza, una buona attività con una cattiva.

Impara a rinunciare a pieno potere. Dai loro due giocattoli, dolcetti o giochi tra cui scegliere. Smettila di domande di sì o no.

Inizia con le attività di base e passa a quelle più complicate mentre il tuo bambino le fa. Ancora una volta, riconoscere la condotta positiva e i successi.

Pensa agli stati d'animo di tuo figlio e quando hanno fame e stanchezza. Pianificare questi tempi in modo che la gestione delle attività sia più semplice per loro. Potrebbe non essere facile per te, ma li aiuterà a controllare in modo più efficace i loro stati d'animo.

Scegli le tue guerre. La vita sta dando e prendendo. La richiesta di tuo figlio potrebbe non essere un grosso problema come pensi.

Solo non arrenderti. Ciò rafforza il loro cattivo comportamentour. I bambini capiscono molto facilmente come una situazione a loro favore possa essere sfruttata.

Tuo figlio deve sempre capire che certi atti sono off-limits. Quando succede, potrebbe non sembrare così, ma è il momento per il tuo migliore amico. Prenditi un momento per concentrarti su da dove viene tuo figlio. Come sembra, la risposta a un capriccio di temperamento potrebbe non essere così difficile. Scoprirai nel tempo quali segnali sono nascosti all'interno di un capriccio di temperamento. Parla con il paediatrician di tuo figlio se hai problemi oltre a ciò che pensi sia naturale.

CAPITOLO 10: SUPERARE LA TENSIONE MENTALE

Lo stress emotivo può essere particolarmente stressante e difficile da affrontare. Questo potrebbe richiedere più un pedaggio di molti altri tipi di stress. Parte della spiegazione è che pensare a una soluzione o discutere idee con un buon amico può rapidamente deteriorarsi in ruminazione e co-ruminazione, che non sono così utili e produttive, affrontando abitudini che sono anche utili e di successo nella risoluzione dei problemi.

In realtà, la ruminazione può intensificare i livelli di stress, quindi aiuta ad avere buone tecniche di gestione dello stress emotivo e adeviare dall'affrontare la ruminazione e l'elusionee più verso approcci emotivamente proattivitàdi gestione dello stress.

LA TENSIONE EMOTIVA INNESCA

Lo stress nelle relazioni comporta un tributo significativo alle nostre vite emotive e genera potenti risposte emotive. Le nostre relazioni hanno un impatto considerevole sulle nostre vite, nel bene e nel male. Bei tempi e risorse nei momenti di bisogno, una maggiore stabilità nei momenti di stress e persino una maggiore longevità offriranno relazioni più sane. Relazioni conflittuali e frenemie, tuttavia, possono peggiorarci nella nostra vita emotiva e cunpedaggio anche fisico.

Le relazioni non sono, tuttavia, l'unica fonte di stress emotivo. Lo stress emotivo può essere indotto da crisi finanziarie, un clima di lavoro avverso o una serie di altri fattori di stress, che spesso ci invitano a far fronte a comportamenti malsaniperevitare il dolore, in particolare quandole circostanzesembrano senza speranza.

Forse la sensazione di essere impotenti a migliorare la situazione è uno degli aspetti più difficili di affrontare lo stress emotivo. Dovremmo concentrarci sulla nostra reazione emotiva se non cambiamoi nostri livelli di stress rimuovendola situazione di tensione.

FAR FRONTE ALLO STRESS EMOTIVO

Fortunatamente, mentre questi problemi non possono essere risolti immediatamente, puoi ridurre lo stress emotivo che sperimenti e il pedaggio che lo stress ti assume. Ecco diverse attività che puoi provare ad affrontare efficacemente lo stress emotivo.
Pratica mindfulness

È anche spesso percepito come dolore fisico quando incontriamo stress emotivo. Potresti sentire una sensazione "forte" nel petto,una sensazione instabile nello stomaco,un mal di testaopaco.

Cercare di evitare questi sentimenti è normale, ma andare oltre nell'esperienza e usare la consapevolezza può anche aiutare a riconoscere quando queste reazioni emotive si fanno sentire fisicamente. Alcune persone svengono che il dolore è più grave prima di dissiparsi, ma credono che il dolore mentale e fisico sia diminuito.

Distrarsi

Le ipotesi popolari erano che si sarebbero manifestate in altri modi se non trasmettemmo ogni emozione che provammo (o almeno quelle principali). Questo è vero sotto certi aspetti. Ci sono vantaggi nell'analizzare i nostri stati emotivi per beneficiare di ciò che i nostri sentimenti stanno cercando di dirci, e altre preoccupazioni possono emergere dal "ripieno delle nostre emozioni" in modi malsani.

Tuttavia, è stato anche scoperto che distrarsi dal dolore emotivo con alternative emotivamente sane può alleviare il dolore emotivo e farci sentire meglio, come un film di benessere, esperienze piacevoli con gli amici o una sfida mentale gratificante.

Blocca un po ' di tempo

Se trovi che la tensione emotiva e la ruminazione si insinuano nella tua coscienza un bel po ', e la deviazione non funziona, prova a organizzare un po 'di tempo, forse un'ora al giorno, in cui ti incoraggi a pensare completamente alla tua situazione e riflettere sulle opzioni, formulare possibilità logiche, rivisitare scambi inquietanti o qualsiasi cosa tu senta la voglia emotiva di fare.

Il journaling è un ottimo metodo da provare qui, soprattutto se viene fatto sia come esplorazione del tuo ambiente emotivo interiore che come esplorazione di possibili soluzioni. Se vuoi, parla con i tuoi amici del problema. Immergiti completamente. E trova qualche distrazione sicura, allora.

Per due motivi, questa strategia funziona bene. In primo luogo, in un piccolo senso, se hai la voglia di ossessi, questo ti aiuta a soddisfare il desiderio. Il resto della giornata, ti troverai più a tuo agio perché sai che ci sarà un tempo per riflettere sulla tua situazione emotiva; il tempo è solo più tardi.

Esercizio di meditazione

La meditazione è molto utile per far fronte a vari fattori di stress e il tipo di fattori di stress con cui la meditazione aiuta è senza dubbio lo stress emotivo. Reindirizzando consapevolmente i tuoi pensieri, puoi prenderti una pausa dalla ruminazione e dare pratica nella selezione dei pensieri, il che può aiutare ad alleviare alcune tensioni emotive a lungo termine.

Parla con un terapista

Potresti consigliare di vedere un terapista aiutare a risolvere i problemi emotivi se trovi il tuo livello di stress emotivo interferire con le tue attività quotidiane o minacciare il tuo benessere in altri modi. Dovresti lavorare per minimizzarlo e controllarlo e sentirti più felice nel processo, qualunque sia la causa del tuo stress emotivo, senza perdere i "messaggi" che le tue emozioni ti offrono.

Molti adolescenti hanno ansia sociale, e quando si tratta di relazionarsi con altri individui, adolescenti sensibili, in particolare, possono avere sentimenti travolgenti di paura e ansia. Potrebbero aver paura di nuove situazioni sociali, folle, incontri sociali e ottenere un rapporto o persino fare una domanda di fronte alla classe.

Terapiacognitiva- behavioural può aiutare ad alleviare l'ansia sociale tra gli adolescenti. Il terapeuta della tua adolescente può aiutarlo a guidarlo attraverso il pensiero necessario per parlare senza ansia agli altri. Potrebbe anche aiutare a parlare con il tuo adolescente della realtà che la maggior parte degli adolescenti pensa che quando, in realtà, non lo sono, altri stanno pensando a loro. Questo può essere qualcosa che gli adolescenti estremamente sensibili hanno difficoltà a riconoscere.

CAPITOLO 11

CONSAPEVOLEZZA

Cos'è mindfulness?
Dovresti sgombre la mente o concentrarti su una cosa? Il concetto consapevole di consapevolezza è qui.
Compassione. È un termine davvero chiaro. Suggerisce che la mente si occupa interamente di ciò che sta accadendo, di ciò che stai facendo, dello spazio in cui stai andando.
Potrebbe sembrare banale, tranne per il fatto irritante che tanto spesso viriamo dalla questione. La nostra mente sta scappando, stiamo perdendo il contatto con il nostro corpo, e ci stiamo perdendo in pensieri ossessivi su qualcosa che sta accadendo o pensando al futuro molto presto. E questo ci preoccupa.
La consapevolezza è la capacità umana di base di essere pienamente presenti, consapevoli di dove siamo e di ciò che stiamo facendo e non esatti o sopraffatti da ciò che sta accadendo intorno a noi.
E non importa quanto lontano galleggiamo, c'è un senso di coscienza proprio lì per riportarci dove siamo e cosa sentiamo e facciamo. Se vuoi sapere cos'è la conoscenza, provala per un po 'all'inizio. Poiché è difficile inchiodare a parole, nei libri, nei siti Web, nell'audio e nel video, troverai lievi variazioni nel significato.
La definizione di consapevolezza

La consapevolezza è la capacità umana di base di essere pienamente presenti, consapevoli di dove siamo e di ciò che stiamo facendo e non esatti o sopraffatti da ciò che sta accadendo intorno a noi.

La consapevolezza è una qualità già posseduta da qualsiasi essere umano; non è qualcosa che devi evocare; devi solo sapere come accedervi.

I tipi di pratica della consapevolezza

Mentre è innato per essere consapevoli, può essere coltivato usando tecniche comprovate. Ecco alcuni esempi:

1. Meditazione seduta, camminata, in piedi e in movimento (anche è possibile sdraiarsi ma spesso porta al sonno);
2. Inseriamo brevi pause nella vita di tutti i giorni;
3. L'esercizio di meditazione è mescolato con altre pratiche, come lo yoga o lo sport.

Pratica dei benefici della consapevolezza:

Quando meditiamo non aiuta a concentrarsi sui benefici, ma solo a fare la pratica, eppure ci sono vantaggi altrimenti nessuno dovrebbe farlo.

Quando siamo consapevoli, riduciamo lo stress, miglioriamo le prestazioni, acquisiamo informazioni e consapevolezza osservando la mente e aumentiamo la nostra attenzione al benessere degli altri.

La meditazione sulla consapevolezza ci offre un momento della nostra vita in cui possiamo sospendere il giudizio e scatenare la nostra innata curiosità sul funzionamento della mente, rivolgendo la nostra esperienza con comodità e gentilezza - a noi stessi e agli altri.

8 Fatti sulla consapevolezza:

1. La consapevolezza non è né misteriosa né esotica. Lo conosciamo perché è quello che stiamo già facendo, come siamo già. Prende diversi tipi e va con diversi nomi.
2. La consapevolezza non è qualcosa che facciamo particolarmente di recente. Abbiamo già l'opportunità di essere lì, e non pretende di alterare chi siamo. Ma possiamo sviluppare queste qualità intrinseche con attività chiare che

sono clinicamente stabilite a beneficio di noi, dei nostri cari, dei nostri amici e colleghi, delle persone con cui interagiamo e delle istituzioni e organizzazioni in cui ci impegniamo

3. Non devono adattarsi. Soluzioni che ci chiedono di cambiare chi siamo o di diventare qualcosa che non abbiamo ripetutamente fallito. La consapevolezza riconosce e coltiva il meglio delle persone che siamo.

4. La consapevolezza può diventare un movimento globale che sta cambiando. È per questo motivo:

5. Chiunque può farlo. La pratica della consapevolezza coltiva valori umani comuni e richiede che nessuno cambi le loro credenze. Tutti possono guadagnare e l'apprendimento è veloce.

6. È uno stile di vita. La consapevolezza è più di un puro esercizio fisico. Aggiunge comprensione e compassione a tutto ciò che facciamo e riduce la tensione inutile. Solo un po' ci cambia la vita.

7. Si basa sui fatti. Non dobbiamo prendere a cuore la consapevolezza. Sia la scienza che l'esperienza mostrano i loro benefici positivi per la salute, la felicità, il lavoro e le relazioni.

8. Questo sta scatenando la creatività. Mentre ci occupiamo della crescente complessità e incertezza del nostro ambiente, essere consapevoli può portarci a soluzioni efficienti, resilienti e a basso costo a questioni apparentemente intransigenti.

La consapevolezza non è nella tua testa

Se pensiamo alla consapevolezza e alla meditazione (con la M maiuscola), potremmo rimanere bloccati nel pensare ai nostri pensieri: stiamo cercando di fare qualcosa per ciò che sta provando nella nostra mente. È come se questi corpi che abbiamo fossero solo borse ingombranti per trascinarci intorno alla mente.

Tuttavia, avere tutto nella tua testa manca di un senso di buona vecchia gravità.

La meditazione inizia nel corpo e si ferma. Ciò significa prendersi il tempo di prestare attenzione a dove siamo e a ciò che sta accadendo, e questo inizia diventando consapevoli del nostro corpo

Il metodo farà sembrare le cose galleggianti , come se non doverci andare in giro. Tutto quello che possiamo fare è un'onda.

Eppure, nel corpo, la meditazione inizia e si ferma. Si tratta di prendersi il tempo necessario per prestare attenzione a dove siamo e cosa sta succedendo, e questo inizia con il nostro corpo consapevole. L'atto stesso può essere rilassante, poiché il nostro corpo ha ritmi interni che lo aiutano a rilassarsi se gli diamo una possibilità.

Come sedersi per la meditazione

Ecco una pratica postura che può essere utilizzata come fase iniziale di un periodo di pratica di meditazione o semplicemente come qualcosa da fare per un minuto, forse per stabilizzarsi e trovare un momento di rilassamento prima di tornare nella mischia. Se hai lesioni o altre difficoltà fisiche, questo potrebbe essere cambiato in base alla tua situazione.

1. Si sieda. Qualunque cosa ti siedi - una sedia, un cuscino per la meditazione, una panchina del parco - trova un posto che ti dia un sedile stabile e solido che non sia apposo o appeso all'indietro.

2. Ricorda cosa stanno facendo con le tue mani. Se sei su un divano sul pavimento, incrocia comodamente le gambe di fronte a te. (Se stai già facendo una sorta di postura yoga seduta, vai avanti.) Se sei su una sedia, va bene se il fondo dei tuoi piedi tocca il pavimento.

3. Raddrizza la parte superiore del corpo, ma non irrigidirti. La spina dorsale è di curvatura naturale. Lasciamolo lì. La testa e le spalle dovrebbero riposare comodamente sopra le vertebre.

4. Posizionare la parte superiore delle braccia parallela alla parte superiore del corpo. Quindi lascia che le tue mani vadano giù sulle cime delle gambe. Le tue mani atterrano nella giusta posizione con la parte superiore delle braccia ai lati. Ti renderanno troppo lontano. Ti renderanno troppo rigido. Stai regolando le corde del tuo corpo, non troppo strette e non troppo sciolte.

5. Lascia cadere un po 'il mento e lascia cadere delicatamente lo sguardo. Potresti abbassare le palpebre. Quando senti il bisogno, puoi abbassarli completamente, ma quando mediti, non devi chiudere gli occhi. Dovresti solo lasciare ciò che sembra essere lì davanti ai tuoi occhi, senza soffermarti su di esso.

6. Sii lì per un paio di istanti. Rilassati e rilassati. Ora alzati e vai per la tua giornata. E se la prossima cosa nella lista è fare un po 'di pratica di consapevolezza prestando attenzione al tuo respiro o alle sensazioni nel tuo corpo, hai iniziato con il piede giusto – e mani e braccia e tutto il resto.

7. Ria accendi di nuovo. Quando la postura è impostata, senti il respiro - o alcune persone dicono "seguilo" - mentre esce e mentre entra. (Alcune iterazioni della pratica mettono più attenzione all'epidemia e semplicemente lasci una pausa spaziosa per il respiro). Alla fine, la tua mente lascerà il respiro e andrà alla deriva in altre aree.

8. Quando ci si avvicina per notare questo - in pochi secondi, un minuto, cinque minuti - il respiro restituisce la vostra attenzione. Non esitare a giudicarti o ad essere ossessionato dalla sostanza dei pensieri. Ritorno. Andrai all'estero; si sta tornando.

9. Ci sono. Questa è educazione. Si è detto spesso che questo è molto semplice, ma non è necessariamente facile. L'obiettivo è solo quello di continuare a farlo. I test devono accumularsi.

COME LA CONSAPEVOLEZZA INFLUISCE SUL CERVELLO

Rimuovendo il misticismo, in che modo la consapevolezza influenza esattamente il cervello? La ricerca ha registrato l'efficacia della consapevolezza in un'ampia varietà di applicazioni cliniche, che vanno dagli interventi di salute mentale come la riabilitazione della PTSD ai miglioramenti quantificabili nel modo in cui ci sentiamo con noi stessi.

I benefici risultati della consapevolezza possono essere considerati come un antico segreto della preistoria. Tuttavia, è solo di recente - grazie agli ultimi progressi nella risonanza testalmente, nell'EEG e in altre tecnologie di scansione cerebrale - che siamo stati in grado di convalidare scientificamente ciò che i guru hanno conosciuto per secoli. Ad esempio, le attività meditative - l'elemento di consapevolezza che è più facile da studiare scientificamente - riducono il numero di onde beta nel cervello, correlate con lo stress e l'ansia, o un forte pensiero razionale a bassi tassi. Quindi possiamo concludere immediatamente che la consapevolezza mantenere la promessa di rilassamento, così come viene commercializzata.

Ciò che sappiamo, tuttavia, va ben oltre. Una ricerca storica del 2005 della dott.ssa Sara W. Lazar, et al., ha scoperto che la meditazione nella corteccia prefrontale aumenta significativamente la capacità cerebrale. Sebbene sia abbastanza notevole da aumentare essenzialmente la capacità cerebrale, ciò che è particolarmente affascinante è che tali miglioramenti si verificano nella corteccia prefrontale.

Per semplificare eccessivamente un argomento complesso, ciò che distingue gli esseri umani dagli animali è la corteccia prefrontale. Non che gli animali non l'abbiano, solo che negli esseri umani è molto più avanzato. La maggior parte del nostro pensiero e ragionamento razionale è responsabile della corteccia prefrontale, tra cui empatia, consapevolezza di sé, percezione, moralità e capacità di concentrarsi durante il tumulto emotivo.

Con questo in mente, è facile vedere come la consapevolezza allenando le parti giuste del tuo cervello potrebbe aumentare la tua produttività. Diamo un'occhiata individuale a ogni area.

Concentrarsi

Una corteccia prefrontale migliore ti dà anche quelli improduttivi un maggiore controllo sulle tue emozioni. Una ricerca dell'Università della California ha scoperto che solo due settimane di formazione all'attenzione "hanno effettivamente ridotto il vagabondaggio mentale tra i partecipanti che erano vulnerabili alla deviazione pre-test", per non parlare di come ha aumentato i punteggi dei test GRE delle materie.

Decisionale

Poiché le decisioni importanti vengono prese nella corteccia prefrontale, è giusto che la comprensione possa essere di grande aiuto per fare scelte migliori. Sebbene quantificare e calcolare sia un argomento difficile, ciò che sappiamo - grazie a uno studio dell'Università della Pennsylvania - è che essere consapevoli mitiga la distorsione dei costi affondata. La meditazione impedisce al cervello di prendere decisioni soggettive sottolineando le relazioni contestuali e fornendo una prospettiva più forte e razionale.

Sollievo dalla tensione

Il sollievo dallo stress è una giustificazione sufficiente per molte persone per immergersi nella consapevolezza. Sebbene le prove cliniche siano in qualche modo irrilevanti - puoi vedere solo di persona come la meditazione allevia lo stress - uno studio della John Hopkins University ha concluso che "i programmi di meditazione possono comportare riduzioni da piccole a moderate di molteplici dimensioni negative dello stress psicologico", come descritto nel documento come "ansia, depressione e stress".

Gli effetti della comprensione sulla gestione dello stress sono direttamente rilevanti per le imprese e la redditività e sono già stati registrati.

Introducendo un corso di sei settimane sulla consapevolezza e la terapia comportamentale cognitiva, Transport for London ha registrato il 71% in meno di giorni di riposo a causa di stress, ansia o depressione e una diminuzione del 50% delle assenze totali. I partecipanti hanno registrato cambiamenti nelle loro relazioni (80%), la capacità di rilassarsi più facilmente (79%), il miglioramento delle abitudini di sonno (64%) e una maggiore soddisfazione sul posto di lavoro (54%).

Rapporti con i colleghi

Spesso è dato per scontato, in particolare nel mondo degli affari, che la comunicazione e il lavoro di squadra siano competenze che possono essere apprese e alcuni dipendenti sono migliori di altri. Sebbene non ci siano stati studi specifici sul posto di lavoro, uno studio congiunto dell'Università di Harvard-Northeastern University ha scoperto che "la meditazione ha migliorato direttamente la risposta compassionevole" alle persone che avevano bisogno di supporto. Considerando la connessione all'empatia nella corteccia prefrontale, questi risultati sono probabilmente solo la punta dell'iceberg.

Risoluzione creativa dei problemi

È interessante, per qualcosa di etereo come la creatività, quante prove scientifiche ci mostrano la sua relazione con la consapevolezza.

In primo luogo, uno studio dell'Università di Leida ha scoperto che gli effetti della meditazione sul pensiero divergente sono "robusti". Il pensiero divergente è il processo di generazione di molti concetti nuovi e originali, rispetto al pensiero convergente, che si tratta di dedurre una singola inferenza da input diversi.

Oltre ai risultati immediati, una relazione della Fielding Graduate University ha ampliato questi risultati per includere una maggiore innovazione a lungo termine. Questa ricerca ha anche scoperto che i partecipanti meditativi erano il 121% più capaci di costruire sui pensieri degli altri, riportando all'influenza della consapevolezza sull'empatia.

Gli esperti hanno anche scoperto che la consapevolezza semplifica tre delle quattro fasi del processo creativo:

1. Preparazione - Un pensiero avanzato e divergente genera più idee per iniziare.

2. Incubazione - La consapevolezza delle onde by-beta rende più facile rilassarsi e ignorare brevemente un problema, una fase integrante del processo creativo. (Questa relazione descrive meglio le circostanze).

3. Illuminazione - Una maggiore conoscenza di sé e comprensione delle proprie emozioni migliora il legame con il subconscio, rendendo più facile per Eureka imbattersi in momenti.

Il quarto livello, il test, si basa più sulla valutazione razionale e sulla messa a punto dell'idea; questo tipo di pensiero è al di fuori delle competenze della coscienza.

Felicità

Puoi portare la felicità a un valore? Sì, e quel valore è del 12%, secondo un rapporto dell'Università di Warwick, ecco quanto sono felici i lavoratori di maggior successo. Sebbene una stima conservativa sia del 12%, alcuni soggetti hanno raggiunto un'efficienza fino al 20% superiore al gruppo di controllo.

Abbiamo già affrontato come la percezione riduca la tensione, ma uno studio della Michigan University of North Carolina mostra una connessione più chiara tra meditazione ed emozioni positive. Se non sei ancora convinto, chiedi semplicemente a Matthieu Ricard, la persona più felice del mondo come deciso dalle scansioni cerebrali. Ricard sembra essere un monaco tibetano, che non è estraneo alla meditazione e alla consapevolezza.

Lo stesso studio ha anche trovato una forte connessione tra il tempo trascorso a meditare e la "capacità di piacere e una ridotta tendenza alla depressione" di un individuo. Anche i soggetti con "solo tre settimane di meditazione di 20 minuti al giorno" hanno trovato risultati marginalmente migliori di quelli che non hanno mai meditato affatto.

COME RAGGIUNGERE LA CONSAPEVOLEZZA ATTRAVERSO LA MEDITAZIONE

Mentre la coscienza è spesso indicata come uno stato naturale, la realtà è che raggiungerla è più simile a un'abilità: deve essere padroneggiata e messa a punto prima di essere utilizzata correttamente. Nella società moderna, non mancano le distrazioni e ci vuole tempo per allenarsi per bloccarle. Sebbene alcune persone siano state attive nello studio delle capacità di consapevolezza da sole, altre sono più fortunate ad entrare in un gruppo o in una ricerca sotto un esperto.

Poiché ci vuole pratica e preparazione per raggiungere la coscienza, il soggetto è strettamente legato alla mediazione, la forma più comune (ma non l'unica) di raggiungerla. La meditazione è altrettanto difficile da spiegare: è più simile alla mancanza di azione che a un atto stesso. Inoltre, ci sono centinaia di modi diversi di meditare, dalle secolari pratiche buddiste Zen alle meditazioni guidate più recenti su misura per i periodi più affollati.

Il filo conduttore di ogni mediazione è l'obiettivo di attirare la vostra attenzione sulle percezioni del momento presente, cioè il raggiungimento della coscienza. Le guide consentono ai meditatori di osservare ma non di interagire con i loro pensieri. I metodi differiscono ma spesso includono fare affidamento sui sensi, come una leggera brezza cutanea. Puoi anche meditare sul tuo respiro in assenza di altre sensazioni; ad esempio, se ti concentri abbastanza, troverai che l'aria è più fredda andando nel naso e più calda che esce. Questo è buono come qualsiasi richiesta per farti andare avanti.

La meditazione fa pensare ad alcune persone di monaci seduti in un tempio di pietra vuoto con le gambe incrociate, ma potrebbe anche essere tu seduto alla tua scrivania e chiudere gli occhi per qualche minuto. Chiamatelo come volete, ma è abbastanza chiaro prendersi un momento per calmarsi. Hai meditato tutta la tua vita qua e là senza nemmeno saperlo.

5 MODI PER MOSTRARE CONSAPEVOLEZZA SUL LAVORO

1. Esercizi di meditazione
La meditazione non ha bisogno di essere reggimentata o vittima di bullismo. Questo può essere fatto praticamente ovunque e ovunque, solo prendendo qualche minuto per te. Ecco i consigli per il principiante di meditare, perché ogni volta che hai un po 'di tempo libero:

Rilassati. Non c'è bisogno che tu ti sieda in posizione verticale e con travi a croce per meditare. La cosa più importante è che sei rilassato, quindi se è questo che è rilassante per te, sentiti libero di meditare su una sedia, sdraiarti a letto o persino stare in piedi. L'obiettivo è quello di eliminare le distrazioni, quindi trova un posto che puoi tenere senza problemi.

Controllo del corpo per lo stress. A partire dalla parte superiore della testa e dirigendosi verso il basso, nota lo stress e allevia qualsiasi punto del tuo corpo. Il mento, la schiena, il collo e talvolta anche la mascella sono i soliti sospetti.

Non batterti per il pensiero. Non è facile, ovviamente, cancellare la mente da ogni pensiero. Non arrabbiarti con te stesso che non puoi spegnere la mente - succede a tutti, compresi gli esperti di meditazione.

Segui certi pensieri mentre la tua mente "galleggia". Una parte del ciclo è lasciarli andare e venire. Conta sempre come meditazione, purché non li tocchi.

4-7-8 Procedura respiratoria. Per i principianti che hanno problemi a schiarirsi le menti, ecco un buon metodo: concentrati sulla respirazione, in particolare usando la tecnica 4-7-8:

- Quattro secondi per respirare.
- Concediti sette secondi per trattenere il respiro.
- Espirare PER 8 secondi.
- Ripetere.

Questa è una bella meditazione sulle "ruote da allenamento" per le persone che lottano per essere inattive. Le direzioni sono sufficientemente complesse da tenere la mente occupata dal conteggio, ma ancora sufficientemente chiare da non sminuire l'attenzione.

Se saltare è ancora troppo difficile, puoi scaricare un'app Meditation Aid. App come Relax e Wait, Breathe & Think fungono da insegnante automatico. Queste app offrono una versatilità sufficiente per soddisfarti mentre ti muovi, con meditazioni separate e guidate dalla voce a diversi intervalli di tempo.

2. Evitare il multitasking

Il multitasking è quello che potresti definito un "falso amico": ti fa sentire più efficace, ma il risultato finale non è così bello come pensi, come dimostra uno studio dello Stato dell'Ohio.

Tutto ciò che fa il multitasking è ann ann acqueggiare gli sforzi per ogni attività, piuttosto che aggiungere piena attenzione a ogni attività. Tuttavia, fare un compito alla volta aiuta a praticare la tua concentrazione, soddisfare la tua consapevolezza con mano e mano.

Zapier è utile qui. È possibile programmare facilmente le attività meniali come dispositivo di automazione per completare automaticamente, gli stessi tipi di attività che si tenta di eseguire con il multitasking perché sembrano minuscole e senza cervello.

3. Adotta una mentalità di crescita

Carol Dweck, dott.ssa Carol Dweck, del Dipartimento di Psicologia di Stanford, sostiene che esistono due forme di mentalità: set e sviluppo. Una prospettiva fissa tratta le caratteristiche, le abilità e i doni della personalità come immutabili e immutabili. Un atteggiamento di sviluppo riconosce che alcuni aspetti possono essere modificati, istruiti e rafforzati.

Sulla base delle evidenze statistiche di cui abbiamo discusso l'intero saggio, un atteggiamento di sviluppo è più vicino alla realtà: i dati indicano che le caratteristiche delle persone sono cambiate in modo inequivocabile e che alcune abilità si sono sviluppate. Se vuoi gli stessi buoni risultati, inizia credendo che li otterrai.

E la ricerca di Dweck ha anche confermato gli effetti positivi di un atteggiamento imprenditoriale sulla produzione.

4. Attenersi alle pratiche

Devi esercitarlo ogni giorno per ottenere il massimo dalla tua consapevolezza. Per i principianti, il miglior consiglio è meditare almeno una volta al giorno e renderlo una routine. Solo venti minuti al giorno, come abbiamo sentito dallo studio UNC-UM di cui sopra, produrranno risultati misurabili in sole tre settimane.

La vera quantità di tempo potrebbe essere ancora più bassa: la dott.ssa Sara Lazar, neuroscienziata di Harvard dietro la scoperta che la percezione migliora la densità prefrontale della corteccia, ha riconosciuto in un'intervista che "i rapporti aneddotici degli studenti indicano che 10 minuti al giorno possono avere un certo valore soggettivo", ma che "dobbiamo verificarlo". Naturalmente, più pratichiamo ogni sessione, più puoi tornare indietro.

La meditazione regolare non deve richiedere molto tempo, ma quando inizi, il problema riguarda meno la dedizione al tempo e più il ricordo di farlo ogni giorno.

Impostare un promemoria di avviso durante i primi giorni, in modo da non dimenticare. Qualunque sia l'ora del giorno perfetta per te, puoi scegliere purché lo fai.

5. Direzione professionale

Sei coinvolto in tutta la formazione sulla consapevolezza dell'organizzazione? Avere una persona che accetta la coscienziosità sembra semplice rispetto a far salire a bordo una comunità di persone. Tuttavia, puoi comunque ottenere l'assistenza di esperti o agenzie per applicarlo intorno all'azienda.

Ci sono molti workshop per insegnare la consapevolezza imprenditoriale. Controlla i gruppi sotto MBSR (Mindfulness-Based Stress Relief) o MBCT (Mindfulness-Based Cognitive Training), con la maggior parte dei corsi della durata di quattro-otto settimane. In alternativa, se stai utilizzando un corso online o un webinar, non hai bisogno di un insegnante interno. Per la logistica, sono più versatili e possono fornire lo stesso livello di istruzione.

L'app Insight Timer mindfulness incoraggia il contatto con il mondo della meditazione e può aiutarti a trovare le guide o i mentori giusti. Puoi trovare insegnanti nel tuo campo o semplicemente seguire i consigli che trovi lì da solo.
Quando sei molto serio nell'ottimizzare la tua produttività - per non parlare di qualcosa sul miglioramento della tua vita e felicità - la coscienza non è nulla da scrollarsi di dosso. All'inizio, potrebbe sembrare morbido, ma con prove che confermano i suoi risultati, vale la pena provarlo per te o per tutto il tuo team.

CONCLUSIONE

Devi prenderti il tempo di parlare con il tuo adolescente di ciò che sta succedendo nella sua vita come genitore di una persona altamente sensibile. Fai attenzione ai sintomi di ansia, depressione e altri problemi di salute mentale. Incoraggia il tuo adolescente a indulgere nella cura di sé, come mangiare bene, dormire abbastanza e fare esercizio fisico regolare. Se necessario, chiedere assistenza professionale. Ricorda che per gli anni e i decenni a venire, le abilità che il tuo adolescente impara ora lo aiuteranno a far fronte all'essere un adulto sensibile.

CPSIA information can be obtained
at www.ICGtesting.com
Printed in the USA
BVHW092038070621
608939BV00008B/1233